제2판
최신 사례로 보는
상속재산 분할심판청구

상속전문변호사가 알려주는 실무서

대표변호사 오경수 · 현승진

이제는 선택을 할 순간입니다.
자신의 정당한 권리를 당당하게 찾을 것인지,
아니면 우물쭈물 대고 눈치를 보다가
자신의 권리를 행사할 기회를 놓치고
평생 후회를 할 것인지.

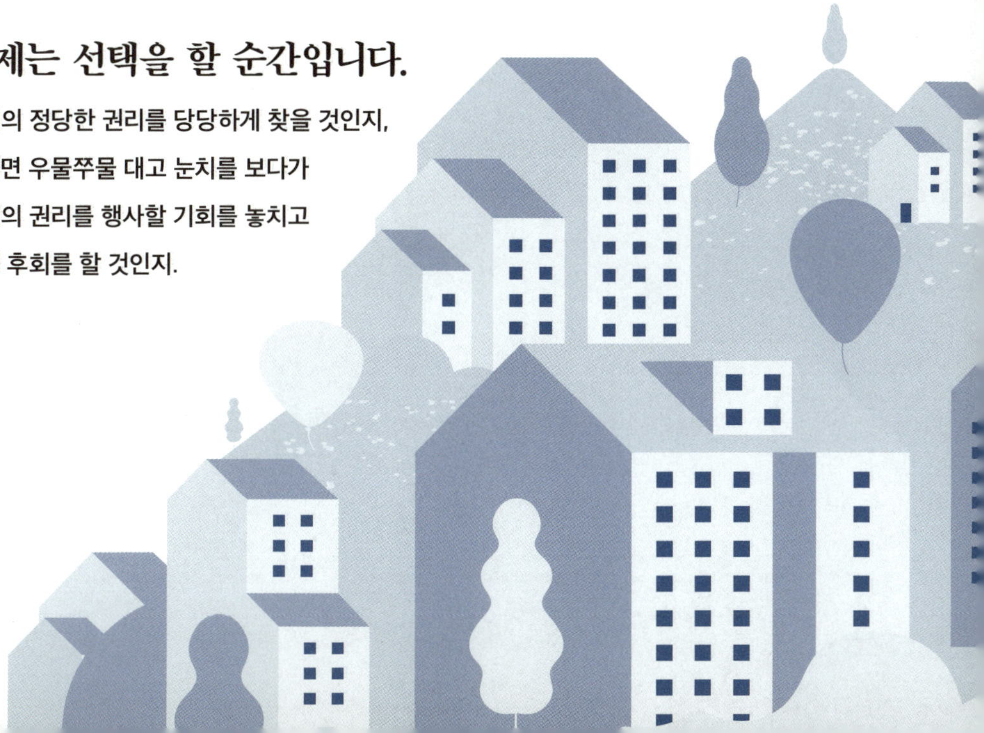

지혜와지식

제2판 **최신 사례로 보는**
상속재산분할심판청구
상속전문변호사가 알려주는 실무서

대표변호사 오경수·현승진

서문

천애고아(天涯孤兒)로 자라 평생을 독신으로 살아온 사람이 아니라면, 상속은 누구나 언젠가는 겪어야 할 과정입니다. 사랑하는 사람을 먼저 떠나보낸 후, 세상에 남은 가족은 돌아가신 분을 추모하고 이분의 유산을 정리하면서 일상을 회복합니다.

정말 불행하게도, 유산을 정리하는 과정에서 피를 나눈 형제자매들끼리, 가족끼리 큰 분쟁을 겪는 사안이 있습니다. 어떤 이는 법이 보장한 정당한 권리를 찾기 위해, 또 다른 이는 이미 차지한 재산을 지키기 위해 싸웁니다.

피상속인이 돌아가시기 전에 가지고 있었던 생각, 상속은 공평해야 한다는 정의 관념, 자존심, 가족들에게 가지고 있었던 서운함 등 여러 감정과 생각들이 엉킨 실타래처럼 얽혀 있는 상속 분쟁에서 누구나 만족할 수 있는 해결책을 찾기는 정말 어렵습니다.

그래서 법은 상속 분쟁을 해결하기 위해 일정한 기준과 절차를 정해 놓았습니다. 이에 따라 모든 상속인에게 분쟁을 마무리할 기회가 보장되어 있습니다.

그런데 상속에서는 착한 사람이 손해 보기 십상입니다. 다른 형제보다 재산을 더 받을 계산을 하고 나서 부모님을 모시는 자녀는 이 세상에서 찾아보기 어렵죠. 반면에 부모님의 재산에 관한 계획이 있는 사람은 착실히 그리고 확실한 증거를 남기면서 움직입니다. 또한, 형제들과 싸우는 상황이 싫어 상대방의 부당한 요구를 마지못해 들어주는 사례도 많습니다.

이러한 상황이라면 선택지는 크게 두 가지입니다.

계속 망설이고, 먼저 포기하거나 체념해서 나의 목소리를 충분히 내보지도 못한 채 상속 분쟁을 마무리할 것인지, 아니면 법이 보장하는 나의 정당한 권리를 찾을 것인지.

지난 2020년 3월에 '최신 사례로 보는 상속재산분할심판청구'와 '최신 사례로 보는 유류분반환청구소송'을 출간한 후, 정말 많은 분으로부터 격려 말씀을 들었습니다. 본 서문을 통해 여러분께 진심으로 감사하다는 말씀을 올립니다.

이번 개정판에서는 상속재산분할, 유류분반환청구 등에 관하여 2020년 3월 이후 선고된 중요한 대법원 판례를 소개하였고, 법무법인 세웅 오경수 변호사가 처리한 상속 사건의 성공사례, 참고할만한 하급심 판례를 보강하였습니다.

아무쪼록 본서를 통해 상속 분쟁을 겪고 계신 분들, 상속을 설계하고 싶은 분들이 도움을 받으셨으면 하는 바람입니다.

아울러 다시 한 번 졸저를 애독해주신 여러분들게 감사의 말씀을 올립니다.

2023. 7.

법무법인 세웅
대표변호사 오경수

서문

상속 문제로 정말 많은 분들이 문의를 하십니다. 누구는 정당한 권리를 찾기 위해서, 또 누구는 자신의 재산을 지키기 위해서 싸웁니다. 그러나 피를 나눈 가족들끼리의 분쟁이기 때문에 상처는 아주 깊고, 아픕니다.

가족 사이에 재산을 놓고 분쟁이 생기면 서로 대화로 풀어나가야 합니다. 서로 조금씩 이해하고 욕심을 내려놓으면 파국을 막을 수 있습니다. 그런데 이 말을 모르는 사람이 누가 있을까요. 이 당연한 말을 쉽게 행할 수 있다면 우리 사회는 그야말로 요순(堯舜) 시대가 따로 없겠죠.

불행하게도 우리 사회는 요순 시대가 아닙니다. 눈 앞의 황금을 위해서라면 기꺼이 가족을 져버릴 수 있는 그리고 그렇게 행동하도록 내몰리는 세상입니다. 시댁의 재산을 놓고 며느리끼리 각축전을 벌이거나, 치매에 걸린 부모에게서 재산을 빼내려고 다른 형제와의 접촉을 끊어버리는 일은 이제 더 이상 남의 집안의 이야기가 아닙니다. 오히려 익숙한 광경이죠.

지금 당장 경제적 위기에 몰려 있어서, 또는 돈 때문이 아니라 자존심을 지키기 위해서, 아니면 상대방에게 응징과 보복을 하기 위해서 재산을 놓고 가족들끼리 싸우는 상황이라면, 대화는 정말 어려워집니다. 오히려 양보하고 상대방을 배려하려고 했던 사람이 바보가 되는 최악의 상황이 나올 수도 있습니다.

이렇게 분쟁이 더 이상 대화로 풀 수 없을 지경이 되면, 유감스럽게도 가족 간의 관계는 이제 회복하기 어렵습니다. 어쩌면 상대방은 나를 가족으로 생각하지 않을지도 모릅니다. 나를 가족으로 생각하지 않는 사람과 더 이상 대화를 해봐야 시간 낭비일 뿐입니다.

이제는 선택을 할 순간입니다.

자신의 정당한 권리를 당당하게 찾을 것인지, 아니면 우물쭈물 대고 눈치를 보다가 자신의 권리를 행사할 기회를 놓치고 평생 후회를 할 것인지.

법률사무소 세웅의 대표변호사들은 상속/가사 문제에 관

하여 3,000건이 넘는 전화 또는 방문 상담을 진행해 왔습니다. 그런데 여전히 많은 분들이 유류분이란 제도를 잘 모르고 계셨습니다.

그래서 법률사무소 세웅의 대표변호사들은, 유류분 제도의 존재를 몰랐거나 미처 이해하지 못해 자신의 정당한 권리를 행사하지 못하는 분들, 그리고 유류분반환청구에 제대로 된 대응을 하지 못하시는 분들이 더 이상 안 계셨으면 하는 마음으로 이 책을 썼습니다.

이 책은 법률가가 보는 실무서가 아니라 법을 전공하지 않은 분들을 위한 안내서입니다. 편안히 읽고 이해할 수 있도록 용어 풀이에도 신경을 썼고, 다소 이해하기 어려운 내용은 쉽게 풀어서 설명하려고 노력하였습니다.

법률사무소 세웅의 대표변호사들이 수많은 유류분 상담 사건을 진행하면서, 많이 받는 질문을 위주로 이 책의 내용을 구성했기 때문에 여러분이 궁금하시는 내용은 이 책을 벗어나기 어려울 것입니다.

당뇨병을 알기 쉽게 설명한 책은 많습니다. 그러나 당뇨병에 걸린 사람이 그 책만 보고 스스로 치료를 시도해서는 곤란하겠죠. 반드시 전문가인 의사의 진단을 받고 치료를 해야 합니다. 이 책 역시 마찬가지입니다.

이 책은 유류분 제도를 알고 싶은 분들을 위한 안내서에 불과합니다. 실제 유류분반환청구 사건의 당사자가 달랑 이 책만 보시고 소송을 수행하시면 매우 위험하다는 점을 미리 말씀드립니다.

아무쪼록 이 책을 통해 많은 분들이 도움을 받으셨으면 하는 바람입니다.

2016. 12.

법률사무소 세웅
대표변호사 오경수, 현승진, 송인혁

미리 읽어보세요

상속재산분할과 유류분반환을 잘 이해하려면 먼저 여러 법률 용어의 뜻을 알고 계시는 것이 좋습니다. 이 책에서 자주 등장하는 법률용어의 뜻을 간단히 설명해 드릴 테니 꼭 한번 읽어주세요.

공동상속인(共同相續人)

동순위의 최근친 상속인이 여러 명일 경우에 이 상속인들은 공동상속인이 됩니다. 자녀들과 손자녀가 모두 있는 경우에 자녀들만이 공동상속인인 이유는 자녀, 손자녀 모두 직계비속으로 1순위 상속인이라고 하더라도 손자녀보다 자녀가 더 가깝기(근친) 때문입니다.

대습상속(代襲相續)

상속인이 될 직계비속이나 형제자매가 상속개시 전에 사망하거나 상속결격이 된 경우에, 그 상속인이 될 자의 직계비속 및 배우자가 원래 상속인이 될 자 대신에 상속하는 것을 말합니다. 예를 들어 피상속인인 할아버지가 돌아가시기 전에 장남이 먼저 사망한 경우, 장남의 배우자와 자녀들은 장남의 상속분을 상속합니다. 이를 대습상속이라 합니다.

방계혈족(傍系血族)

같은 시조(始祖)로부터 갈라져 나온 혈족을 말합니다. 백부, 이모, 삼촌, 형제자매, 조카 등이 방계혈족이라고 보시면 됩니다.

사인증여(死因贈與)

생전에 증여계약을 체결해 두고 그 효력이 증여자의 사망시부터 발생하는 것으로 정한 증여를 말합니다. 유증과 비슷한데, 사인증여는 재산을 증여해주려는 사람과 재산을 받을 사람이 미리 증여계약을 체결해야 한다는 점이 유증과 다릅니다.

상속순위

피상속인의 1순위 상속인은 피상속인의 직계비속입니다. 그리고 2순위는 직계존속, 3순위는 형제자매, 4순위는 4촌 이내의 방계혈족입니다. 배우자는 상속순위가 있는 사람이 아니라는 점이 중요합니다. 배우자는 1순위, 2순위 상속인이 있는 경우에는 이 상속인과 공동상속인이 되고, 1순위, 2순위 상속인이 아무도 없는 경우에는 단독상속인이 됩니다.

소멸시효(消滅時效)

권리자가 권리행사를 할 수 있음에도 일정기간 동안 행사하지 않은 경우 그 권리가 실효되는 제도를 말합니다. 피상속인이 20년 전에 사망을 했다면 아무리 유류분권리가 있었다고 하더라도 10년의 소멸시효기간이 지나 더 이상 유류분반환청구권을 행사할 수 없습니다.

아포스티유(Apostille)

외국 공문서에 대한 인증 절차를 폐지하고 아포스티유 확인서로 대신하게 한 협약을 말합니다. 이 협약의 정식 명칭은 「외국공문서에 대한 인증의 요구를 폐지하는 협약(The Convention Abolishing the Requirement of Legalization for Foreign Public Document)」입니다. 이를 줄여서 아포스티유 협약(Apostille Convention) 또는 줄여서 아포스티유라 합니다. 원래 외국의 공문서나 공증문서가 우리나라에서 효력을 인정받으려면 우리나라 국내법이 요구하는 인증요건을 갖춰야 합니다. 그래서 공문서 제출이 필요한 국가의 외교기관이나 영사기관은 해당 공문서 서명자의 자격이나 인영·스탬프의 동일성을 확인하는 등 일정 절차를 거쳐야 하죠. 그런데 이런 절차가 매우 까다롭고 번거롭습니다. 그래서 아포스티유 협약가입국 사이에는 공문서를 제출하기 위해 해당 국가 영사기관의 영사확인을 받지 않아도 됩니다. 대신 공문서 발행 국가의 '아포스티유 확인서'를 발급받아 협약가입국에 제출하면 해당 공문서는 협약가입국 공문서와 같은 효력을 인정받습니다. 우리나라에서는 2007. 7. 14. 발효되었고, 이 협약에 가입한 당사국은 전 세계 100여 개국입니다.

유류분(遺留分)

유류분은 '피상속인의 유언의 자유'와 '친족에 의한 상속'이라는 두 가지 원칙의 타협으로 생겼습니다. 피상속인이 증여 또는 유증을 하는 자유를 인정하되, 상속인이 보장받아야 하는 최소한도의 재산은 증여 또는 유증을 받은 사람이 재산을 받지 못한 사람에게 반환하도록 하는 제도입니다.

유증(遺贈)

피상속인이 유언을 하여 재산을 증여하는 행위를 유증이라고 합니다. '유언에 따른 증여'를 줄인 말이 '유증'이죠. 유류분반환에서는 유증재산을 증여재산보다 먼저 반환해야 한다는 점이 아주 중요합니다.

직계비속(直系卑屬)

자기로부터 직계로 이어져 내려간 혈족(자녀, 손자녀, 증손자녀)을 일컫는 말입니다.

직계존속(直系尊屬)

조상으로부터 직계로 내려와 자기에게 이르는 혈족(부모, 조부모, 증조부모)을 일컫는 말입니다.

특별수익(特別受益)

피상속인으로부터 받은 증여재산 또는 유증재산 중 상속분의 선급(先給)으로서의 의미가 있는 것을 특별수익이라고 합니다.

피상속인(皮相續人)

재산이나 권리를 물려주는 사람을 피상속인이라 합니다. 아버지가 돌아가셔서 자녀가 그 재산을 물려받는 경우, 아버지가 피상속인, 자녀가 상속인입니다.

CONTENTS

제1장 **I. 상속인**

01. 법정상속순위   22
- 아직 이혼을 안 한 배우자도 상속인이 될 수 있나요?   23

02. 대습상속   29
- 피상속인의 형제보다 사위가 우선할 수가 있나요?   30

03. 상속결격   34
- 유언장을 숨겼으면 상속결격이 되는 것이죠?   35

04. 상속의 승인과 포기   39
- 어린 자녀들이 상속포기하고 부인이 한정승인하면 되나요?   40
- 상속포기 기간은 언제부터 계산하나요?   47
- 친권자가 한정승인 안 해도 미성년자가 나중에 한정승인 할 수 있나요?   50
- 돌아가신 아버지 빚이 많아 상속포기 신고했는데 포터 폐차해도 되나요?   57
- 특별한정승인신고를 해서 일단 수리 결정을 받았는데 그럼 이제 안심해도 되나요?   62
- 조카들이 상속 포기할지 확실하지 않은데 형제들이 먼저 상속포기 할 수 있나요?   67
- 아버지 상속포기한 후에 할아버지 재산 받을 수 있나요?   70
- 상속포기 각서를 쓴 것이 사해행위가 될 수 있나요?   73
- 상속분할협의 한 날 vs. 상속등기한 날 - 언제가 사해행위 기준일?   78

05. 상속인의 부존재   82
- 사촌 이모님의 남편이 남기신 재산 상속받을 수 있나요?   83

II. 상속재산

01. 상속재산과 명의신탁　　　　　　　　　　　90
- 부동산을 증여받았는데 명의신탁 재산이 될 수 있나요?　　91

02. 상속재산과 고유재산　　　　　　　　　　　100
- 퇴직생활급여금도 상속재산분할의 대상인가요?　　101

03. 상속채권과 상속채무　　　　　　　　　　　105
- 할아버지 명의 통장에 있는 돈은 어떻게 나누어야 하나요?　　106
- 피상속인이 남긴 빚도 상속인들끼리 나눌 수 있나요?　　111

04. 상속재산의 법정과실　　　　　　　　　　　114
- 아버지 상가에서 나오는 월세도 나눌 수 있나요?　　115

05. 장례비, 상속세 등 비용문제　　　　　　　　119
- 장례비용과 상속세를 부담한 건 어떻게 정산받나요?　　120

III. 공동상속과 상속분

01. 공동상속　　　　　　　　　　　　　　　　130
- 재산을 나누자고 약속은 했는데 말만 오간 거라서 불안합니다. 효력이 있을까요?　　131

02. 법정상속분　　　　　　　　　　　　　　　139
- 이복형제들과 재산을 어떤 비율로 나누어야 하나요?　　140

03. 구체적 상속분　　　　　　　　　　　　　143

04. 특별수익　　　　　　　　　　　　　　　144

- 동생이 받은 학비와 생활비도 재산 나눌 때 더하나요? 145
- 돌아가신 아버님이 어머님께 주신 재산도
  어머니의 특별수익으로 계산하나요? 157
- 며느리와 손자가 받은 재산도 포함할 수 있나요? 164
- 장남이 많은 재산을 가져갔는데 그럼 남은 재산은 어떻게 나누나요? 171

05. 기여분 176
- 어머니 명의로 산 집도 똑같이 나누어야 하나요? 177
- 돌아가신 어머니를 30년 가까이 모셨는데
  기여분 인정받을 수 있나요? 185
- 부모님 모시고 살았다고 전부 기여분을 줘야 하나요? 206

06. 상속분의 양도와 양수 229

Ⅳ. 상속재산의 분할

01. 재산분배 형태 결정 232
- 어머니 아파트를 형제 세 명이 어떻게 나눌 수 있나요? 233
- 어머니 아파트를 여동생이 분배받는 것으로 되면
  정산은 어떻게 하나요? 240

02. 재산분할의 효과 243
- 상속재산분할심판 이후 등기 전에
  상속인의 채권자가 등기를 가져갔다면? 244
- 어머니의 몫을 장남이 다 가져간 것도 증여가 되나요? 248
- 미리 재산을 많이 받아간 사람이
  재산을 안 받겠다고 해도 사해행위인가요? 252

제2판
최신 사례로 보는
상속재산 분할심판청구
상속전문변호사가 알려주는 실무서

제1장

Ⅰ. 상속인

Ⅱ. 상속재산

Ⅲ. 공동상속과 상속분

Ⅳ. 상속재산의 분할

Ⅰ. 상속인

01. 법정상속순위

02. 대습상속

03. 상속결격

04. 상속의 승인과 포기

05. 상속인의 부존재

01.
법정상속순위

    우리나라 상속법은 피상속인이 유언으로 재산을 받을 사람을 따로 지정하지 않는 한, 일정한 순위에 속한 사람만이 상속인이 될 수 있다고 하고 있습니다.

    이를 법이 정한 상속인의 순위, 즉 법정상속순위라고 합니다. 이 상속순위는 피상속인의 유언으로도 바꿀 수 없고, 생전의 피상속인과의 관계가 좋았는지, 나빴는지 묻지 않고 형식적으로만 결정됩니다.

아직 이혼을 안 한 배우자도 상속인이 될 수 있나요?

Q 꽤 큰 피부과 에스테틱을 가지고 있었던 누나가 갑작스레 심장마비로 세상을 떠났습니다. 가족들은 누나가 남편 때문에 스트레스를 받아 세상을 떠났다고 생각하고 있습니다.

저희 부모님은 누나의 피부과 개업을 위해 거의 전 재산을 처분하셨고, 누나는 그 돈으로 피부과 건물을 매입했습니다.

그런데 매형이라는 사람의 외도사실이 최근에 밝혀졌습니다. 어린 조카가 있는데도 파렴치하게 몇 년 동안이나 외도 행각을 일삼았던 것이죠. 누나는 곧바로 이혼을 결심했고 매형 역시 이혼에 합의하였습니다. 하지만 법원의 이혼의사 확인을 앞둔 상황에서 갑자기 누나가 세상을 떠나버렸습니다.

누나가 세상을 떠나고 가족들은 매형에게 상속을 포기해 달라고 요청하였지만, 매형이란 사람은 뻔뻔하게 법대로 재산을 받겠다고 하고 있습니다. 매형은 조카를 부모님께 떠넘기고 지금 상간녀와 결혼을 준비하고 있다고 알고 있습니다. 누나의 재산을 가지고 말이죠. 이런 상황에도 매형이 누나의 상속인이 될 수 있나요?

Ⓐ 정말 가슴 아픈 사연입니다. '상속인의 지위에 있다'라는 말과 '상속재산을 받을 자격이 있다'라는 말은 그 의미가 분명하게 다릅니다. 이 사안은 '상속재산을 받을 자격이 없는 상속인'에 관한 대표적인 사례입니다.

유감스럽게도 위 사례에서 피상속인의 배우자는 도덕적으로 상속재산을 받을 자격이 없지만, 피상속인과 이혼이 되지 않았습니다. 그렇다면 이 사람은 엄연히 피상속인의 배우자로서 상속인의 지위에 있습니다. 따라서 매형이 상속을 포기하지 않는다면, 누나의 재산은 매형과 조카가 공동상속합니다. 재산을 마련해 주신 부모님은 상속인이 아니어서 이 재산에 기여분도 주장할 수 없습니다.

'상속재산을 받을 자격'에 관하여는 이후의 상속결격 또는 기여분 결정 부분에서 확인해 보시기를 권하며, 지금부터 우리나라 상속법이 정한 법정상속순위를 알아보겠습니다.

우리나라 상속법은 1순위에서 4순위까지 상속순위를 정해두고 있습니다(민법 제1000조).

그런데 이 상속순위를 알아보기 전에 몇 가지 알아두어야 할 사항이 있습니다.

> **민법**
> **1000조**(상속의 순위) ①상속에 있어서는 다음 순위로 상속인이 된다.
>   1. 피상속인의 직계비속
>   2. 피상속인의 직계존속
>   3. 피상속인의 형제자매
>   4. 피상속인의 4촌 이내의 방계혈족
> ② 전항의 경우에 동순위의 상속인이 수인인 때에는 최근친을 선순위로 하고 동친등의 상속인이 수인인 때에는 공동상속인이 된다.
> ③ 태아는 상속순위에 관하여는 이미 출생한 것으로 본다.

① 선순위 상속인이 애초에 존재하지 않았거나, 모두 상속포기를 하지 않는 이상, 선순위자가 단 한 명이라도 존재한다면 후순위자는 상속인이 될 수 없습니다.

② 같은 순위에 있는 사람이 여러 명일 경우, 피상속인과 가장 촌수가 가까운 사람만이 상속인이 되고, 촌수까지 같은 사람이 여러 명일 때는 공동상속인이 됩니다.

가령 피상속인에게 자녀와 손자녀가 있을 때 자녀와 손자녀는 모두 피상속인의 직계비속으로서 1순위자이지만, 손자녀는 피상속인과 2촌, 자녀는 1촌이죠. 그래서 이때에는 자녀만 상속인이 될 수 있습니다.

③ 법정상속순위는 피상속인의 가족관계등록부상 기재된 내용으로만 판단합니다. 실제 친자관계에 있다고 하더라도 가족관계등록부상 등재되어 있지 않으면 상속관계가 없으며, 실제 친자가 아니더라도 가족관계등록부에 친자로 등재되어 있으면 상속권이 있습니다. 또한, 이 순위는 상속인과 피상속인 사이의 유대관계가 어떠했는지를 묻지 않습니다.

그럼 1순위부터 4순위까지 법정상속순위를 알아볼까요?

먼저 상속 1순위자는 **피상속인의 직계비속(直系卑屬)**입니다.

직계비속이라고 한다면, 자연혈족이건 법정혈족이건 동등합니다. 그래서 친생자와 양자, 혼생자와 혼외자 모두 동등한 상속인입니다.

다음 상속 2순위자는 **피상속인의 직계존속(直系尊屬)**입니다.

그다음 상속 3순위자는 피상속인의 형제자매이며, 마지막으로 상속 4순위자는 피상속인의 4촌 이내의 방계혈족(傍系血族)입니다.

그런데 위 법정상속순위에 보이지 않는 사람이 있죠. 네, 바로 피상속인의 배우자입니다. 피상속인의 배우자는 위 1순위에서 4순위에 포함되지 않습니다.

> 제1003조(배우자의 상속순위) ① 피상속인의 배우자는 제1000조 제1항 제1호와 제2호의 규정에 의한 상속인이 있는 경우에는 그 상속인과 동순위로 공동상속인이 되고 그 상속인이 없는 때에는 단독상속인이 된다.

피상속인과 혼인신고를 한 법률상 배우자는 상속 1순위 또는 2순위자와 공동상속인이 되고, 피상속인에게 1순위자, 2순위자가 모두 없을 때는 단독상속인이 됩니다.

따라서 상속 3순위 또는 4순위자가 상속인이 되기 위해서는 피상속인에게 직계비속, 직계존속 그리고 배우자가 모두 없어야 합니다.

상속개시 시점 즉, 피상속인의 사망 시점에 피상속인의 가족관계등록부상 배우자로 되어있으면 상속인이 됩니다. 피상속인과의 혼인 기간이 단 하루에 불과하더라도 혼인신고가 되어있는 이상 배우자로서 상속권이 있으며, 피상속인과의 혼인 관계가 실질적으로 파탄 상태에 있다고 하더라도 이혼이 되지 않으면 여전히 피상속인의 배우자로서 상속권을 갖습니다.

상속의 순위

- **1 순위** 피상속인의 직계비속
- **2 순위** 피상속인의 직계존속
- **3 순위** 피상속인의 형제자매
- **4 순위** 피상속인의 4촌 이내의 방계혈족

02.
대습상속

피상속인보다 상속인이 될 사람이 먼저 사망한 때가 있습니다. 상속인이 될 사람이 사망하지 않고 상속을 받았다면 나중에 그 사람의 가족들은 그 재산을 다시 상속받을 수 있습니다. 그런데 상속인이 될 사람이 먼저 사망하는 바람에 그 사람의 몫을 다른 상속인들이 분배받는다면, 사망한 사람의 상속인은 전혀 재산을 상속받지 못하는 상황이 되죠. 이런 부당함을 방지하기 위한 제도가 대습상속 제도입니다.

피상속인의 형제보다 사위가 우선할 수가 있나요?

Q. 저희 형님 일가가 외국 여행을 갔다가 비행기 사고로 참변을 당했습니다. 희생자 명단에는 저희 형님, 형수님, 딸, 딸이 낳은 두 손주, 아들 내외와 딸까지 올라와 있었습니다. 사위를 제외하고 형님 부부, 아들 내외와 손주들, 딸과 외손녀 모두가 한꺼번에 세상을 떠난 것입니다.

형님은 부동산을 남기고 돌아가셨는데, 사위가 그 땅을 상속받는다고 합니다. 듣기로는 대습상속이 되려면 상속을 받을 사람이 피상속인보다 먼저 사망해야 한다고 하는데, 비행기 사고로 온 가족이 같이 사망했을 때에도 사위가 대습상속인이 될 수 있나요?

A. 위 사안의 사실관계는 아래에서 소개해드릴 '대법원 2001. 3. 9. 선고 99다13157 판결'의 사실관계입니다.

지금으로부터 약 26년 전인 1997년 8월 6일, 미합중국 자치령 괌(Guam)에 착륙하려던 서울발 대한항공 KE801편이 추락하여 승무원을 포함한 탑승자 220명 전원이 사망하는 비극적인 참사가 있었습니다. 당시 이 여객기에는 피상속인의 사위를 제외한 피상속인의 일가족이 모두 탑승하고 있었죠.

피상속인이 사망한 후 피상속인의 사위가 피상속인 명의의 부동산에 상속등기를 하였고, 이에 피상속인의 형제자매들이 소유권이전등기말소의 소를 제기하였습니다. 대법원까지 가는 법정 공방 끝에 대법원은 피상속인의 사위가 대습상속인으로서 상속권을 가진다고 판단하였습니다.

> 제1000조(상속의 순위) ①상속에 있어서는 다음 순위로 상속인이 된다.
> 1. 피상속인의 직계비속
> 2. 피상속인의 직계존속
> 3. 피상속인의 형제자매
> 4. 피상속인의 4촌 이내의 방계혈족
>
> 제1001조(대습상속) 전조 제1항 제1호와 제3호의 규정에 의하여 상속인이 될 직계비속 또는 형제자매가 상속개시전에 사망하거나 결격자가 된 경우에 그 직계비속이 있는 때에는 그 직계비속이 사망하거나 결격된 자의 순위에 갈음하여 상속인이 된다.
>
> 제1003조(배우자의 상속순위)
> ② 제1001조의 경우에 상속개시전에 사망 또는 결격된 자의 배우자는 동조의 규정에 의한 상속인과 동순위로 공동상속인이 되고 그 상속인이 없는 때에는 단독상속인이 된다.

대법원은 ① 피상속인의 사위가 피상속인의 형제자매보다 우선하여 단독으로 대습상속한다는 민법 규정이 위헌이 아니고, ② 피상속인과 피대습인이 동시사망으로 추정되는 경우에도 대습상속이 가능하다고 판단하였습니다.

"원래 대습상속제도는 대습자의 상속에 대한 기대를 보호함으로써 공평을 꾀하고 생존 배우자의 생계를 보장하여 주려는 것이고, 또한 동시사망 추정규정도 자연과학적으로 엄밀한 의미의 동시사망은 상상하기 어려운 것이나 사망의 선후를 입증할 수 없는 경우 동시에 사망한 것으로 다루는 것이 결과에 있어 가장 공평하고 합리적이라는 데에 그 입법 취지가 있는 것인바, 상속인이 될 직계비속이나 형제자매(피대습자)의 직계비속 또는 배우자(대습자)는 피대습자가 상속개시 전에 사망한 경우에는 대습상속을 하고, 피대습자가 상속개시 후에 사망한 경우에는 피대습자를 거쳐 피상속인의 재산을 본위상속을 하므로 두 경우 모두 상속을 하는데, 만일 피대습자가 피상속인의 사망, 즉 상속개시와 동시에 사망한 것으로 추정되는 경우에만 그 직계비속 또는 배우자가 본위상속과 대습상속의 어느 쪽도 하지 못하게 된다면 동시사망 추정 이외의 경우에 비하여 현저히 불공평하고 불합리한 것이라 할 것이고, 이는 앞서 본 대습상속제도 및 동시사망 추정규정의 입법 취지에도 반하는 것이므로, 민법 제1001조의 '상속인이 될 직계비속이 상속개시 전에 사망한 경우'에는 '상속인이 될 직계비속이 상속개시와 동시에 사망한 것으로 추정되는 경우'도 포함하는 것으로 합목적적으로 해석함이 상당하다(대법원 2001. 3. 9. 선고 99다13157 판결)."

따라서 위 사안에서는 딸의 배우자 즉, 피상속인의 사위가 단독상속인이 되는 것이 맞습니다. 설령 피상속인이 재산을 형성하는 데에 있어 형제자매들의 기여가 있다거나, 딸 부부의 혼인 기간이 짧다고 해도 결론은 달라지지 않습니다.

대법원 역시 "이 사건의 구체적 사정 아래에서 피고가 망 소외 1의 재산을 단독상속하는 것이 국민의 법감정에 배치되는 면이 없지 않다고 하더라도, 민법 제1003조 제2항이 유효한 이상, 피고의 대습상속권 자체를 부인할 수는 없다."라고 덧붙였습니다.

03.
상속결격

　상속결격이란, 상속인이 될 사람에게 법에서 정한 일정한 사유가 생기면, 법률상 당연히 그 사람의 상속권을 박탈하는 장치를 말합니다.

　상속결격사유가 있는 사람은 법률상 당연히 상속에서 배제되므로, 상속인이 여러 명일 때는 다른 공동상속인의 상속분이 증가하고, 그 사람이 단독상속인이었을 때에는 후순위자가 상속인이 됩니다.

유언장을 숨겼으면 상속결격이 되는 것이죠?

Q. 할아버지가 돌아가시고 나서 재산 문제로 아버지와 큰아버지, 작은아버지, 고모들 사이에 싸움이 났습니다. 생전에 할아버지를 모시고 살았던 큰아버지가 재산 대부분을 가져야 한다고 말한 것이 싸움을 시작이었는데, 할아버지가 돌아가신 후 석 달이 지나서 갑자기 큰아버지가 할아버지의 유언이 있다면서 유언장 사진 찍은 것을 보내주면서 싸움이 더 커졌습니다. 유언장이 있었으면 진작 유언장을 보여줬으면 되는데 인제 와서 유언장을 공개한 것도 의심스럽고, 그 내용도 할아버지가 직접 쓴 게 아닌 것 같습니다.

유언장이 있으면 곧바로 공개해야 하는데 그렇게 안 했으니 유언장을 숨긴 게 아닌가요? 알아보니 유언장을 은닉하면 상속결격이 된다고 하던데 그럼 큰아버지는 상속권이 박탈될까요?

A. 상속결격제도는 대부분의 나라에서 인정하고 있는 장치입니다. "피 묻은 손은 상속재산을 취득하지 못한다(Die blutige Hand nimmt kein Erbe)"라는 법언(法諺)은 상속결격제도의 취지를 잘 표현하고 있죠.

상속결격사유가 있는 상속인은 곧바로 상속인의 자격이 박탈되므로, 이 상속결격의 사유는 엄격하게 해석하고 있습니다. 또한, 법이 정한 상속결격사유를 유추적용하여 확장하는 해석은 허용되지 않기도 합니다. 그리고 이러한 상속결격사유는 상속인이 될 사람 또는 상속인의 행위에 한정됩니다.

민법은 다음과 같이 상속결격사유를 정하고 있습니다.

> **제1004조**(상속인의 결격사유) 다음 각 호의 어느 하나에 해당한 자는 상속인이 되지 못한다.
> 1. 고의로 직계존속, 피상속인, 그 배우자 또는 상속의 선순위나 동순위에 있는 자를 살해하거나 살해하려한 자
> 2. 고의로 직계존속, 피상속인과 그 배우자에게 상해를 가하여 사망에 이르게 한 자
> 3. 사기 또는 강박으로 피상속인의 상속에 관한 유언 또는 유언의 철회를 방해한 자
> 4. 사기 또는 강박으로 피상속인의 상속에 관한 유언을 하게 한 자
> 5. 피상속인의 상속에 관한 유언서를 위조·변조·파기 또는 은닉한 자

위 사안에서는 상속개시 후 일정기간이 지난 시점에서 상속인 중 한 명이 유언장을 공개했을 때 그 행위를 유언장 은닉으로 볼 수 있을 것인지가 쟁점입니다. 참고할만한 대법원 판례를 소개하겠습니다.

대법원은 "상속인의 결격사유의 하나로 규정하고 있는 민법 제1004조 제5호 소정의 '상속에 관한 유언서를 은닉한 자'라 함은 유언서의 소재를 불명하게 하여 그 발견을 방해하는 일체의 행위를 한 자를 의미하는 것이므로, 단지 공동상속인들 사이에 그 내용이 널리 알려진 유언서에 관하여 피상속인이 사망한지 6개월이 경과한 시점에서 비로소 그 존재를 주장하였다고 하여 이를 두고 유언서의 은닉에 해당한다고 볼 수 없다(대법원 1998. 6. 12. 선고 97다38510 판결)."고 하였습니다.

위 사안에서 큰아버지가 유언을 뒤늦게 공개한 행위를 두고 상속결격에 이를 정도로 상속적 협동관계를 파괴했다거나, 재산취득질서를 파괴했다고 보기는 어려울 듯합니다.

더구나 유언장의 내용을 보면, 유언으로 재산을 받는 사람은 유언장을 보관하고 있던 사람이었습니다. 만약 제3자가 재산을 받는다는 내용의 유언이 있었고, 유언장을 보관하던 사람이 이를 장기간 숨겼다면 분명 문제가 됐겠죠.

그런데 유언장을 보관하던 있는 사람이 유언으로 재산을 받는 내용이므로, 자신에게 유리한 내용의 유언장을 뒤늦게 공개한 행위를 두고 상속결격의 사유가 되는 '유언서의 은닉'이라고 보기엔 다소 무리가 있습니다.

다만 자신에게 유리한 내용의 유언이 분명히 있는데도 유언의 내용을 곧바로 공개하지 않았다는 점은, 분명히 또 다른 상속결격사유인 '유언서의 위조, 변조'의 정황이라고 의심할 수는 있습니다.

04.
상속의 승인과 포기

　피상속인이 사망하면 그 즉시 상속인이 피상속인의 모든 재산적 권리와 의무를 승계합니다. 이 상속 과정에서 상속인의 의사표시는 필요하지 않습니다. 하지만 물려받을 재산보다 빚이 더 많을 때 상속에서 벗어날 방법이 있어야 합니다. 그래서 우리나라 상속법은 상속인에게 상속의 한정승인이나 상속포기 신고를 할 기회를 보장하고 있습니다.

어린 자녀들이 상속포기하고 부인이 한정승인하면 되나요?

Q 아버지가 불의의 사고로 1달 전에 세상을 떠나셨습니다. 아버지 재산은 은행 예금 2,000만 원 정도가 전부고 빚이 5,000만 원 정도 있다고 알고 있습니다. 하지만 빚이 더 있을지도 몰라 걱정입니다. 아버지가 돌아가시고 저희 두 남매는 상속포기하고 어머니가 한정승인 신고를 하기로 했는데, 동생은 아직 결혼하지 않았지만 저는 아이 둘이 있습니다. 그럼 제 아이 둘도 상속포기 신고를 같이해야 할까요?

A 피상속인에게 재산보다 빚이 더 많다면, 원칙적으로 피상속인을 승계한 상속인은 자신의 재산으로 피상속인의 채무를 변제(빚을 갚는 행위)해야 합니다.

만약 피상속인의 채무 액수가 워낙 커서 상속인이 감당할 수 없을 지경이라면, 상속인은 자신이 진 빚이 아님에도 불구하고 파산에 이를 수 있습니다. 그래서 상속인에게 상속채무에서 벗어날 기회가 주어져야 하는데 이 제도가 바로 상속포기 또는 한정승인입니다.

상속포기는 상속개시시로 소급하여 상속인의 지위에서 이탈하는 것을 말하고, 한정승인은 상속인의 지위에는 있으나 피상속인에게서 상속받은 재산의 한도 내에서 상속채무를 변제하는 것을 말합니다. <u>그리고 상속포기나 한정승인은 모두 법원에 신고를 하여야 하고, 상속포기각서를 쓴다고 해서 상속포기나 한정승인의 효력이 생기지 않습니다.</u>

> 제1019조(승인, 포기의 기간) ①상속인은 상속개시있음을 안 날로부터 3월내에 단순승인이나 한정승인 또는 포기를 할 수 있다. 그러나 그 기간은 이해관계인 또는 검사의 청구에 의하여 가정법원이 이를 연장할 수 있다.
> 제1026조(법정단순승인) 다음 각호의 사유가 있는 경우에는 상속인이 단순승인을 한 것으로 본다.
> 1. 상속인이 상속재산에 대한 처분행위를 한 때
> 2. 상속인이 제1019조제1항의 기간내에 한정승인 또는 포기를 하지 아니한 때
> 3. 상속인이 한정승인 또는 포기를 한 후에 상속재산을 은닉하거나 부정소비하거나 고의로 재산목록에 기입하지 아니한 때
> 제1028조(한정승인의 효과) 상속인은 상속으로 인하여 취득할 재산의 한도에서 피상속인의 채무와 유증을 변제할 것을 조건으로 상속을 승인할 수 있다.
> 제1041조(포기의 방식) 상속인이 상속을 포기할 때에는 제1019조 제1항의 기간내에 가정법원에 포기의 신고를 하여야 한다.
> 제1042조(포기의 소급효) 상속의 포기는 상속개시된 때에 소급하여 그 효력이 있다.

피상속인에게 상속인이 여러 명이 있을 때, 상속인 중의 일부는 상속포기, 다른 일부는 한정승인을 선택하는 경우가 많습니다. 왜냐하면, 상속순위에서 앞선 사람 중에 한정승인을 하는 사람이 없으면 자칫 상속순위에서 4순위인 4촌 이내의 방계혈족까지 모두 상속을 포기해야 하는 문제가 생기기 때문입니다. 그렇다면 상속에 이해관계가 없었던 피상속인의 친족들에게까지 피해를 줄 수도 있습니다.

위 사례에서 누가 한정승인을 하면 될까요?

과거에는 1순위 상속인인 직계비속에는 자녀, 손자녀가 모두 포함되므로, 자녀가 모두 상속포기를 하고 피상속인의 배우자가 한정승인을 했더라도, 손자녀가 여전히 피상속인의 직계비속으로 상속인이 된다고 하였습니다. 그래서 피상속인의 손자녀들이 따로 상속포기 신고를 하지 않으면, 손자녀들이 피상속인의 상속인으로서 상속채무를 책임져야 한다고 하였습니다. 그래서 이런 경우 자녀 중 한 명이 반드시 한정승인을 하고 배우자와 다른 자녀들은 상속포기 신고를 하는 방법을 선택했죠.

기존의 대법원 판례도 마찬가지였습니다. 대법원은 "상속을 포기한 자는 상속개시된 때부터 상속인이 아니었던 것과 같은 지위에 놓이게 되므로, 피상속인의 배우자와 자녀 중 자녀 전부가 상속을 포기한 경우에는 배우자와 피상속인의 손자녀 또는 직계존속이 공동으로 상속인이 되고, 피상속인의 손자녀와 직계존속이 존재하지 아니하면 배우자가 단독으로 상속인이 된다(대법원 2015. 5. 14. 선고 2013다48852 판결)."

그런데 <u>위 대법원 판례가 2023년 전원합의체 판례로 폐기</u>되었습니다. 판례 내용이 꽤 긴데, 대법원이 종전 판례의 결과를 변경하는 이유에 큰 의미가 있어서 그대로 소개합니다.

대법원은 "공동상속인인 배우자와 자녀들 중 자녀 일부만 상속을 포기한 경우에는 민법 제1043조에 따라 상속포기자인 자녀의 상속분이 배우자와 상속을 포기하지 않은 다른 자녀에게 귀속된다. 이와 동일하게 <u>공동상속인인 배우자와 자녀들 중 자녀 전부가 상속을 포기한 경우 민법 제1043조에 따라 상속을 포기한 자녀의 상속분은 남아 있는 '다른 상속인'인 배우자에게 귀속되고, 따라서 배우자가 단독상속인이 된다.</u> …(중략)… <u>상속을 포기한 피상속인의 자녀들은 피상속인의 채무가 자신은 물론 자신의 자녀에게도 승계되는 효과</u>

를 원천적으로 막을 목적으로 상속을 포기한 것이라고 보는 것이 자연스럽다. 상속을 포기한 피상속인의 자녀들이 자신은 피상속인의 채무 승계에서 벗어나고 그 대가로 자신의 자녀들, 즉 피상속인의 손자녀들에게 상속채무를 승계시키려는 의사가 있다고 볼 수는 없다. 그런데 피상속인의 배우자와 자녀들 중 자녀 전부가 상속을 포기하였다는 이유로 피상속인의 배우자와 손자녀 또는 직계존속이 공동상속인이 된다고 보는 것은 위와 같은 당사자들의 기대나 의사에 반하고 사회 일반의 법감정에도 반한다.

대법원 2015. 5. 14. 선고 2013다48852 판결(이하 '종래 판례'라 한다)에 따라 피상속인의 배우자와 손자녀 또는 직계존속이 공동상속인이 되었더라도 그 이후 피상속인의 손자녀 또는 직계존속이 다시 적법하게 상속을 포기함에 따라 결과적으로는 피상속인의 배우자가 단독상속인이 되는 실무례가 많이 발견된다. 결국 공동상속인들의 의사에 따라 배우자가 단독상속인으로 남게 되는 동일한 결과가 되지만, 피상속인의 손자녀 또는 직계존속에게 별도로 상속포기 재판절차를 거치도록 하고 그 과정에서 상속채권자와 상속인들 모두에게 불필요한 분쟁을 증가시키며 무용한 절차에 시간과 비용을 들이는 결과가 되었다. 따라서 피상속인의 배우자와 자녀 중 자녀 전부가 상속을 포기한 경우 배우자가 단독상속인이 된다고 해석함으로써 법률관계를 간명하게 확정할 수 있다.

이상에서 살펴본 바와 같이 상속에 관한 입법례와 민법의 입법 연혁, 민법 조문의 문언 및 체계적·논리적 해석, 채무상속에서 상속포기자의 의사, 실무상 문제 등을 종합하여 보면, **피상속인의 배우자와 자녀 중 자녀 전부가 상속을 포기한 경우에는 배우자가 단독상속인이 된다고 봄이 타당**하다. 이와 달리 피상속인의 배우자와 자녀 중 자녀 전부가 상속을 포기한 경우 배우자와 피상속인의 손자녀 또는 직계존속이 공동상속인이 된다는 취지의 종래 판례는 이 판결의 견해에 배치되는 범위 내에서 변경하기로 한다(대법원 2023. 3. 23.자 2020그42 전원합의체 결정)."

즉, 위 대법원 판례에 따르면, 피상속인에게 배우자와 자녀, 손자녀가 있을 때, 피상속인의 배우자만이 상속한정승인 신고를 하고 자녀들이 상속포기 신고를 하면 피상속인의 손자녀는 상속포기 신고를 따로 하지 않더라도 상속채무를 책임지지 않아도 됩니다.

다만, 이 대법원 판례는 피상속인에게 배우자가 있을 때만 적용됩니다. 피상속인에게 배우자가 없는데 자녀들이 모두 상속포기 신고를 하면 손자녀들이 상속인이 된다는 결론은 변하지 않았습니다.

이 내용은 뒤에서 대법원 2020. 11. 19. 선고 2019다232918 전원합의체 판결과 2022. 12. 13.자 개정 민법 부분에서 다시 설명하겠습니다.

상속포기 기간은 언제부터 계산하나요?

Q. 최근 모 은행으로부터 소장을 받았습니다. 돌아가신 할아버지의 채무를 갚으라는 내용이었고, 그 은행은 할아버지의 손자들 모두를 상대로 소송하였습니다. 할아버지는 4년 전에 돌아가셨는데 할아버지가 돌아가시고 나서 할머니와 아버지 형제분들은 모두 상속포기를 하였습니다. 그래서 다 끝난 줄 알고 있었는데 은행이 저희한테 할아버지의 빚을 갚으라고 한 거죠. 일단 소장을 받고 나서 저희는 모두 상속포기 신고를 부랴부랴 하였습니다. 그런데 저희도 상속포기가 가능한가요?

A. 위 사안은 대법원 2005. 7. 22. 선고 2003다43681 판결의 사실관계를 각색한 내용입니다(피상속인의 배우자가 한정승인 신고를 한 사안과 다르다는 점을 주의하여야 합니다).

피상속인이 사망한 후 피상속인의 자녀들은 피상속인의 배우자와 모두 상속포기를 신고하였습니다. 하지만 자신들의 자녀(피상속인의 손자녀) 역시 1순위 상속인인 직계비속에 포함된다는 사실을 간과하고 말았죠. 그러다 피상속인의 채권자가 피상속인의 배우자와 자녀들을 상대로 소 제기를 하였고, 피상속인의 배우자와 자녀들이 모두 상속포기했다는 사실을 안 채권자는 피상속인의 손자녀를 피고로 하는 당사자표시정정을 하였습니다. 그제야 피상속인의 손자녀들은 법원에 상속포기를 신고하였습니다.

이 사건에 관해 대법원은 "상속인은 상속개시 있음을 안 날로부터 3월 내에 상속의 포기를 할 수 있는바(민법 제1019조 제1항), 여기서 상속개시 있음을 안 날이라 함은 상속개시의 원인이 되는 사실의 발생을 알고 이로써 자기가 상속인이 되었음을 안 날을 말한다고 할 것인데, 피상속인의 사망으로 인하여 상속이 개시되고 상속의 순위나 자격을 인식함에 별다른 어려움이 없는 통상적인 상속의 경우에는 상속인이 상속개시의 원인사실을 앎으로써 그가 상속인이 된 사실까지도 알았다고 보는 것이 합리적이나, 종국적으로 상속인이 누구인지를 가리는 과정에 사실상 또는 법률상의 어려운 문제가 있어 상속개시의 원인사실을 아는 것만으로는 바로 자신의 상속인이 된 사실까지 알기 어려운 특별한 사정이 존재하는 경우도 있으므로, 이러한 때에는 법원으로서는 '상속개시 있음을 안 날'을 확정함에 있어 상속개시의 원인사실뿐 아니라 더 나아가 그로써 자신의 상속인이 된 사실을 안 날이 언제인지까지도 심리, 규명하여야 마땅하다(대법원 2005. 7. 22.

선고 2003다43681판결).”라고 하였습니다.

그러면서 대법원은 "일반인의 입장에서 피상속인의 처와 자녀가 상속을 포기한 경우 피상속인의 손자녀가 이로써 자신들이 상속인이 되었다는 사실까지 안다는 것은 오히려 이례에 속한다고 할 것이다."라고 하면서 "종국적인 상속인이 누구인지 즉각 알기 어려운 특별한 사정이 인정된다"라고 하였습니다.

그리하여 위 실제 사안에서 소송의 피고들인 피상속인의 손자녀들은 구제받았을 가능성이 큽니다(실제 그들이 구제를 받았는지는 파기환송심의 판단을 보아야 합니다).

하지만 위 대법원 판례는 2005년에 있었습니다. 앞으로 이러한 비슷한 사정이 있을 때, 대법원이 이 사례와 똑같이 '피상속인의 손자녀가 상속인이 되었다는 사실을 안다는 것이 이례에 속한다'라고 판단할 것이라는 보장은 없습니다.

그래서 상속의 승인과 포기라는 정말 중요한 의사표시를 하기에 앞서, 상속전문변호사의 도움을 받아 누가 상속포기를 하고 한정승인 신고를 할지 결정하는 것이 매우 중요합니다.

친권자가 한정승인 안 해도
미성년자가 나중에 한정승인 할 수 있나요?

Q 저희 아버지는 1993년 2월에 돌아가셨습니다. 아버지가 돌아가셨을 때 저는 6살이었죠. 아버지한테 빚이 있었는데, 아버지의 채권자가 어머니와 누나, 저를 상대로 소송을 했고, 1993년 12월에 원고 승소 판결이 있었습니다. 그리고 아버지의 채권자는 2013년 12월에 시효연장을 위한 소송을 또 했고, 이때도 어머니가 미성년인 저를 대신해(그때 누나는 성년이었습니다) 판결문을 받았습니다. 그리고 2017년 8월에 아버지의 채권자는 제 예금계좌를 압류하였습니다. 전 위 압류사실을 알고는 2017년 9월에 상속한정승인 신고를 하였고, 한정승인 심판이 있고 나서 압류에 이의를 하였습니다. 아버지 채무가 있는지 저는 전혀 몰랐는데 성년이 되고 나서 한정승인했으니 아버지 채무를 제 재산으로 안 갚아도 되는 거 맞죠?

A 위 사안은 실제 판례의 사실관계를 일부 각색한 것입니다. 민법 제1019조 제3항이 정하는 특별한정승인을 하려면 상속인이 '상속채무 초과사실을 중대한 과실 없이', '상속개시 있음을 안 날로부터 3개월 이내에' 알지 못한 경우여야 합니다.

그렇다면, '상속채무 초과사실을 중대한 과실 없이 알지 못하였는지 여부'와 '이를 알게 된 날'을 미성년자인 상속인을 기준으로 판단해야 하는지 아니면, 법정대리인을 기준으로 판단하여야 하는지 중요해집니다.

만약 미성년자인 상속인을 기준으로 판단한다면, 질문자가 성년이 된 후 자신의 은행 계좌가 압류된 사실을 안 날로부터 3개월 이내에 한 특별한정승인은 유효합니다.

반면에, 법정대리인을 기준으로 판단한다면, 질문자님이 미성년자일 때 친권자(법정대리인)인 어머님이 이미 채권자와 재판을 했으므로, 질문자님은 성년이 된 후에 특별한정승인을 할 수 없습니다. 어머님이 채무초과 사실을 안 때 질문자님도 안 것으로 보니까요.

이 경우, 당시 미성년자의 법정대리인이 미성년자를 위한 한정승인이나 상속포기 신고를 하지 않으면, 미성년자는 성년이 되어 자기의 재산으로 상속채무를 갚아야 합니다.

이렇게 되면 미성년자일 때 상속인이 된 사람에게 아주 가혹한 결과가 되겠죠. 그런데 대법원은 법정대리인을 기준으로 판단해야 한다고 하였습니다.

대법원은 "민법 제1019조 제1항, 제3항의 각 기간은 상속에 관한 법률관계를 조기에 안정시켜 법적 불안 상태를 막기 위한 제척기간인 점, 미성년자를 보호하기 위해 마련된 법정대리인 제도와 민법 제1020조의 내용 및 취지 등을 종합하면, 상속인이 미성년인 경우 민법 제1019조 제3항이나 그 소급 적용에 관한 민법 부칙(2002. 1. 14. 개정 법률 부칙 중 2005. 12. 29. 법률 제7765호로 개정된 것, 이하 같다) 제3항, 제4항에서 정한 '상속채무 초과사실을 중대한 과실 없이 제1019조 제1항의 기간 내에 알지 못하였는지'와 '상속채무 초과사실을 안 날이 언제인지'를 판단할 때에는 법정대리인의 인식을 기준으로 삼아야 한다.

따라서 미성년 상속인의 법정대리인이 1998. 5. 27. 전에 상속개시 있음과 상속채무 초과사실을 모두 알았다면, 앞서 본 민법 부칙 규정에 따라 그 상속인에게는 민법 제1019조 제3항이 적용되지 않으므로, 이러한 상속인은 특별한정승인을 할 수 없다.

또한 법정대리인이 상속채무 초과사실을 안 날이 1998. 5. 27. 이후여서 상속인에게 민법 제1019조 제3항이 적용되더라도, 법정대리인이 위와 같이 상속채무 초과사실을 안 날을 기준으로 특별한정승인에 관한 3월의 제척기간이 지나게 되면, 그 상속인에 대해서는 기존의 단순승인의 법률관계가 그대로 확정되는 효과가 발생한다."라고 하였습니다.

그리고 대법원은 "미성년 상속인의 법정대리인이 인식한 바를 기준으로 '상속채무 초과사실을 중대한 과실 없이 알지 못하였는지 여부'와 '이를 알게 된 날'을 정한 다음 이를 토대로 살폈을 때 특별한정승인 규정이 애당초 적용되지 않거나 특별한정승인의 제척기간이 이미 지난 것으로 판명되면, 단순승인의 법률관계가 그대로 확정된다. 그러므로 이러한 효과가 발생한 이후 상속인이 성년에 이르더라도 상속개시 있음과 상속채무 초과사실에 관하여 상속인 본인 스스로의 인식을 기준으로 특별한정승인 규정이 적용되고 제척기간이 별도로 기산되어야 함을 내세워 새롭게 특별한정승인을 할 수는 없다고 보아야 한다(대법원 2020. 11. 19. 선고 2019다232918 전원합의체 판결)."라고 하였습니다.

따라서 위 대법원 판례에 따르면, 이 사건에서 질문자가 한 특별한정승인은 효력을 잃습니다. 질문자님이 미성년인 상속인일 때 법정대리인인 어머님이 적절한 조치를 하지 않았기 때문이죠.

위 판례는 법리상 타당하지만, 이 판례 결과를 그대로 현실에 적용할 경우 미성년자인 상속인들이 큰 피해를 받을 수밖에 없습니다. 법정대리인이 법을 잘 몰라 미성년자를 위한 한정승인이나 상속포기 신고를 하지 않은 결과, 당시 미성년이었던 상속인이 자칫 피상속인의 채무에서 평생 헤어나지 못할 수도 있습니다.

그래서 이 대법원 판례가 있고 난 뒤 2022. 12. 13. 민법 개정이 있었습니다. 개정 민법 규정은 다음과 같습니다.

제1019조(승인, 포기의 기간)
④ 제1항에도 불구하고 미성년자인 상속인이 상속채무가 상속재산을 초과하는 상속을 성년이 되기 전에 단순승인한 경우에는 **성년이 된 후 그 상속의 상속채무 초과사실을 안 날부터 3개월 내**에 한정승인을 할 수 있다. 미성년자인 상속인이 제3항에 따른 한정승인을 하지 아니하였거나 할 수 없었던 경우에도 또한 같다. 〈신설 2022. 12. 13.〉

부칙
제2조(미성년자인 상속인의 한정승인에 관한 적용례 및 특례) ① 제1019조 제4항의 개정규정은 이 법 시행 이후 상속이 개시된 경우부터 적용한다.
② 제1항에도 불구하고 이 법 시행 전에 상속이 개시된 경우로서 다음 각 호의 어느 하나에 해당하는 경우에는 제1019조 제4항의 개정규정에 따른 한정승인을 할 수 있다.

> 1. 미성년자인 상속인으로서 이 법 시행 당시 미성년자인 경우
> 2. <u>미성년자인 상속인으로서 이 법 시행 당시 성년자이나 성년이 되기 전</u>에 제1019조 제1항에 따른 단순승인(제1026조 제1호 및 제2호에 따라 단순승인을 한 것으로 보는 경우를 포함한다)을 하고, <u>이 법 시행 이후에 상속채무가 상속재산을 초과하는 사실을 알게 된 경우에는 그 사실을 안 날부터 3개월 내</u>

미성년자일 때 상속인이 된 분들에게 상속채무에서 벗어날 수 있는, 생명줄과 같은 법 개정이었다고 봅니다.

개정 민법은, 미성년자 상속인의 법정대리인이 단순승인을 했거나, 미성년자를 위한 상속포기, 한정승인을 하지 않았더라도, 그 미성년자인 상속인이 성년이 된 후 그 상속채무 초과사실을 안 날로부터 3개월 안에 한정승인을 할 수 있도록 하였습니다.

또 이 개정법이 시행일 이전에 이미 피상속인이 사망한 경우라고 하더라도, ① 상속개시 당시 미성년자이고 현재도 미성년자라면 나중에 성년이 된 이후에 한정승인을 할 수 있고, ② 상속개시 당시 미성년자였고 지금은 성년이라면 채무초과사실을 안 날로부터 3개월 안에 한정승인을 할 수 있습

니다.

 이 사안은 기존 법의 해석을 통해서는 구제할 수 없는 사안을 국회의 입법을 통해 해결한 대표적인 사례라고 하겠습니다. 미성년자일 때 상속인이 된 사람이 성년이 된 이후에 피상속인의 채무를 알았다면, 꼭 한정승인 또는 특별한정승인을 하여 상속채무에서 벗어나시기 바랍니다.

돌아가신 아버지 빚에 많아
상속포기 신고했는데 포터 폐차해도 되나요?

Q. 아버지가 지난 4월에 돌아가셔서 저희 형제들은 6월 말에 법무사 도움을 받아 모두 상속포기 신고를 했습니다. 아버지 재산으로는 2003년식 포터 하나가 사실상 전부고 4,000만 원 정도 빚이 있어서 저희 형제들 모두 상속을 포기했습니다. 보험회사에서 포터 보험기간 만기 연락이 와서 그냥 이 차를 폐차하려고 하는데요, 돌아가신 지 3개월 안에 상속포기 신고를 했으니까 지금 해도 되는 거죠?

A. 피상속인이 재산보다 빚이 많은 채 사망하면, 상속인들은 상속포기 신고를 하여 처음부터 상속인의 지위에서 벗어나거나, 한정승인 신고를 하여 상속받은 재산 한도 내에서만 상속채무를 책임질 수 있습니다.

　이렇게 상속인에게 한정승인 또는 상속포기를 신고할 권리를 보장했음에도, 피상속인이 사망한 후 상속인이 상속재산을 처분하거나, 피상속인이 사망한 사실을 안 날로부터 3개월 이내에 한정승인이나 포기를 하지 않으면 단순승인한 것으로 간주하여, 상속인은 피상속인의 모든 채무를 책임져야 합니다.

> **제1026조**(법정단순승인) 다음 각호의 사유가 있는 경우에는 상속인이 단순승인을 한 것으로 본다.
> 1. 상속인이 상속재산에 대한 처분행위를 한 때
> 2. 상속인이 제1019조 제1항의 기간 내에 한정승인 또는 포기를 하지 아니한 때
> 3. 상속인이 한정승인 또는 포기를 한 후에 상속재산을 은닉하거나 부정소비하거나 고의로 재산목록에 기입하지 아니한 때

그런데 만약 상속인이 피상속인의 사망한 사실을 안 날로부터 상속포기 신고를 한 후 법원의 수리 결정이 나오기 전에 상속재산을 처분하면 상속포기의 효과는 어떻게 될까요?

실제 사안에서 피상속인은 2011. 12.경에 사망하였고, 상속인들은 2012. 1. 26.에 법원에 상속포기를 신고하였습니다. 그런데 상속인 중 일부가 2012. 1. 30.에 상속재산인 차량을 처분하여 그 매각대금을 받았습니다. 그리고 법원은 2012. 3. 14.에 신고를 수리하는 심판을 하였죠.

그래서 피상속인의 채권자는 상속인이 상속재산을 처분하였으므로 단순승인으로 간주되어 상속인들이 상속채무 전

부를 책임져야 한다고 주장했죠.

이 사건의 원심법원인 서울남부지방법원은 상속인들이 상속포기 신고를 한 이상 그 신고를 수리하는 심판이 있기 전에 상속재산을 처분하였더라도 민법 제1026조 제1호가 적용되지 않아 단순승인으로 간주되는 사안이 아니라고 판단하였습니다.

그러나 대법원의 판단은 달랐습니다.

대법원은 "민법 제1026조 제1호는 상속인이 상속재산에 대한 처분행위를 한 때에는 단순승인을 한 것으로 본다고 규정하고 있다. 그런데 상속의 한정승인이나 포기의 효력이 생긴 이후에는 더 이상 단순승인으로 간주할 여지가 없으므로, 이 규정은 한정승인이나 포기의 효력이 생기기 전에 상속재산을 처분한 경우에만 적용된다. 한편 상속의 한정승인이나 포기는 상속인의 의사표시만으로 효력이 발생하는 것이 아니라 가정법원에 신고를 하여 가정법원의 심판을 받아야 하며, 심판은 당사자가 이를 고지받음으로써 효력이 발생한다. 이는 한정승인이나 포기의 의사표시의 존재를 명확히 하여 상속으로 인한 법률관계가 획일적으로 처리되도록 함으로써,

상속재산에 이해관계를 가지는 공동상속인이나 차순위 상속인, 상속채권자, 상속재산의 처분 상대방 등 제3자의 신뢰를 보호하고 법적 안정성을 도모하고자 하는 것이다. 따라서 <u>상속인이 가정법원에 상속포기의 신고를 하였더라도 이를 수리하는 가정법원의 심판이 고지되기 이전에 상속재산을 처분하였다면, 이는 상속포기의 효력 발생 전에 처분행위를 한 것</u>이므로 민법 제1026조 제1호에 따라 상속의 단순승인을 한 것으로 보아야 한다(대법원 2016. 12. 29. 선고 2013다73520 판결)."라고 하였습니다.

결국, 피상속인이 사망한 사실을 안 날로부터 3개월 이내에 가정법원에 상속포기 또는 한정승인 신고를 했다면 가정법원의 수리 심판이 이 기간을 지나서 이루어져도 상속포기 또는 한정승인 신고 효력에는 문제가 없지만, 만약 가정법원의 수리 심판이 있기 전에 상속재산을 처분하면 단순승인으로 간주됩니다. 단순승인으로 간주되면 피상속인의 채무를 모두 책임져야 하니 정말 주의하여야겠죠.

또한, 가정법원의 수리 심판이 있고 난 뒤에 상속재산을 처분하면 그것이 상속재산의 은닉이나 부정소비로 인정될 경우 역시 단순승인으로 간주됩니다.

그런데 한정승인 또는 상속포기 신고 후에 재산을 처분해야 하는 불가피한 상황이 있습니다. 이런 때는 재산처분 후에 그 처분대금을 상속재산 목록에 따로 적어두는 방식으로 처리합니다(기존의 한정승인 신고에 제출했던 상속재산목록에 관하여 법원에 경정신청하면 됩니다).

특별한정승인신고를 해서
일단 수리 결정을 받았는데
그럼 이제 안심해도 되나요?

Q. 어머니가 2년 전에 돌아가셨습니다. 어머니 돌아가시고 나서 안심상속 원스톱서비스를 신청했고, 그 결과 재산도 없고 금융회사 채무나 국세, 지방세 체납도 없다는 것도 확인했습니다. 그런데 사실 어머니가 지인으로부터 돈을 빌렸는데 갚지 않았다는 말을 들은 적이 있었는데 확실하지는 않았습니다. 그래서 어머니 장례 마치고 나서 별다른 조치를 하지 않고 몇 개월이 지났는데 법원에서 등기가 왔습니다. 어머니한테 돈 빌려준 사람이 저희 형제에게 돈을 갚으라는 내용이었습니다. 그래서 특별한정승인 신고를 해서 1달 전에 수리 심판을 받았습니다. 그런데 어머니의 채권자가 특별한정승인 신고가 무효라고 하고 있습니다. 법원에서 특별한정승인 인정받았으면 그것으로 끝난 게 맞는지가 궁금합니다.

A. 특별한정승인이라는 제도가 있습니다.

예를 들어 피상속인이 사망한 후 채무가 없는 줄 알고 상속재산을 처분하거나, 3개월 이내에 법원에 한정승인 또는 상속포기 신고를 하지 않았는데, 나중에 피상속인의 채무가 재산보다 더 크다는 사실을 인지한 예도 있습니다. 만약 이런 사안에서 상속인을 구제하지 않는다면, 상속인에게 너무나 가혹한 결과가 되겠죠.

그래서 민법은 이러한 상황에 있는 상속인을 구제하기 위해 특별한정승인(제1019조 제3항) 제도를 운용하고 있습니다. 다만, 이 특별한정승인이 되려면, 상속채무 초과사실(피상속인의 재산보다 빚이 더 많다는 사실)을 몰랐던 데에 중대한 과실이 있어서는 안 됩니다.

> **제1019조**(승인, 포기의 기간) ① 상속인은 상속개시 있음을 안 날로부터 3월내에 단순승인이나 한정승인 또는 포기를 할 수 있다. 그러나 그 기간은 이해관계인 또는 검사의 청구에 의하여 가정법원이 이를 연장할 수 있다.
> ③ 제1항에도 불구하고 상속인은 상속채무가 상속재산을 초과하는 사실(이하 이 조에서 "상속채무 초과사실"이라 한다)을 중대한 과실 없이 제1항의 기간 내에 알지 못하고 단순승인(제1026조 제1호 및 제2호에 따라 단순승인한 것으로 보는 경우를 포함한다. 이하 이 조에서 같다)을 한 경우에는 그 사실을 안 날부터 3개월 내에 한정승인을 할 수 있다.

그런데 채무자가 채무초과 사실을 몰랐던 데에 중대한 과실이 있었어도 법원에 특별한정승인을 신고하면 특별한 사정이 없는 한, 법원은 일단 수리 심판을 합니다. 특별한정승인 신고를 받은 법원이 정말 상속인에게 중대한 과실이 없었는지를 따로 심리하지는 않으니까요. 그래서 실제로 중대한 과실이 있었음에도 특별한정승인을 신고하는 상속인들이 있습니다.

다음 대법원 판례를 보시죠.

대법원은 "<u>가정법원의 한정승인신고 수리의 심판은 일응 한정승인의 요건을 구비한 것으로 인정한다는 것일 뿐 그 효력을 확정하는 것이 아니고</u>, **한정승인의 효력이 있는지 여부에 대한 최종적인 판단은 실체법에 따라 민사소송에서 결정될 문제**이다. …(중략)… 따라서 민법 제1019조 제3항이 신설된 후 상속인이 단순승인을 하거나 단순승인한 것으로 간주된 후에 한정승인신고를 하고 가정법원이 특별한정승인의 요건을 갖추었다는 취지에서 수리심판을 하였다면 상속인이 특별한정승인을 한 것으로 보아야 한다.

그렇다면 민법 제1019조 제3항이 적용되는 사건에서 상속인이 단순승인을 하거나 민법 제1026조 제1호, 제2호에 따라 단순승인한 것으로 간주된 다음 한정승인신고를 하여 이를 수리하는 심판을 받았다면, 상속채권에 관한 청구를 심리하는 법원은 위 한정승인이 민법 제1019조 제3항에서 정한 요건을 갖춘 특별한정승인으로서 유효한지 여부를 심리·판단하여야 한다(대법원 2021. 2. 25. 선고 2017다289651 판결)."라고 하였습니다.

위 대법원 판례에서, 피상속인이 사망한 사실을 안 날로부터 3개월이 지난 후에 상속인이 법원에 한정승인을 했을 때, 이 한정승인신고를 특별한정승인의 신고로 봐야 한다는 결론보다 중요한 점은 바로 '**한정승인의 효력이 있는지 여부에 대한 최종적인 판단은 실체법에 따라 민사소송에서 결정될 문제**'라는 결론입니다.

즉, 가정법원에 특별한정승인의 신고를 하여 법원의 수리 심판이 있었다고 하더라도, 만약 피상속인의 채권자가 민사소송에서 상속인이 한 특별한정승인의 효력이 번복되어야 한다고 주장하면서 상속인에게 중대한 과실이 있다는 점을 입증했다면, 법원의 특별한정승인 수리 심판은 사실상 무효가 됩니다.

즉, 위 사안에서 어머니 돌아가신 후 3개월 이내에 상속인들이 채무가 있다는 점을 분명히 알았다는 사실을 소송의 원고가 입증하면 상속인들이 단순승인한 것과 같은 상황이 된다는 뜻입니다. 그래서 이 소송에서는 상속인들에게 중대한 과실이 있었는지가 핵심 쟁점이 됩니다.

사안에서는 상속인들이 피상속인의 채무에 대해 어느 정도로 알고 있었는지가 명확하지 않아 결론을 내리기 어렵지만, 소송의 원고가 제출하는 주장의 수준을 보고 제대로 된 대응을 해야 합니다. 상속인들의 경제적, 사회적 삶의 운명에 큰 영향을 미치는 결정적 소송이 될 수 있으니 꼭 전문가의 도움을 받아보시기 바랍니다.

조카들이 상속 포기할지 확실하지 않은데 형제들이 먼저 상속포기 할 수 있나요?

Q 얼마 전에 남동생이 사망했다는 소식을 들었습니다. 부인과는 20년 전에 이혼했고, 조카 둘이 있는데 남동생이 사업을 크게 실패한 이후 남동생 가족들과는 연락을 거의 하지 않고 살고 있습니다. 분명히 남동생이 재산보다 빚이 훨씬 많을 텐데, 조카들과 연락이 안 돼서 상속처리를 어떻게 할 것인지 전혀 알 방법이 없습니다. 그래서 불안한 마음에 먼저 상속포기를 해볼까 하는데 가능한가요?

A 피상속인에게 직계비속이 있다면 피상속인의 형제자매는 일단 상속인이 아닙니다. 그러나 그 직계비속이 모두 상속포기하고, 피상속인에게 직계존속과 배우자도 없다면 형제상속이 일어나죠.

그럼 형제들이 상속인이 될 것인지를 결정해야 하는데 선순위 상속인인 조카들이 상속을 포기할 것인지, 아니면 한정승인 신고를 할 것인지 확실히 알 수가 없는 사안입니다. 이럴 때 상속순위에서 후순위인 사람이 미리 법원에 상속포기 신고를 할 수 있을까요?

인천지방법원 판례를 하나 소개합니다. 인천지방법원은 "상속인이 상속개시 있음을 안 날로부터 3월 내에 상속포기 신고를 할 수 있도록 한 숙려기간 제도는 상속인의 이익을 위한 것이므로, 후순위 상속인의 숙려기간은 선순위 상속인의 상속포기 신고가 적법한 것으로 수리된 이후 이를 현실적으로 인식하여 그 자신이 상속인이 되었음을 안 날로부터 기산될 수밖에 없지만, 피상속인의 사망으로 상속이 개시된 이상 각 상속인은 위 숙려기간의 도과로 단순승인의 효력이 생기기 전까지 상속포기 신고를 할 수 있는 것으로, 각 상속인이 승인과 포기를 선택할 수 있는 이 권리를 그 상속순위에 따라 제한할 법문상의 근거가 없을 뿐더러, 선순위 상속인의 상속포기 신고가 적법하게 수리되는 것은 후순위 상속인이 자신에 대한 상속개시의 효력을 전면적으로 거절한다는 그 상속포기의 당연한 전제에 해당하여 상속포기 신고에 금지되는 조건으로도 볼 수 없는 만큼, **후순위 상속인은 선순위 상속인의 상속포기 신고가 적법하게 수리되기를 기다림이 없이 그 상속포기를 하는 것이 가능**하고, 상속포기 신고의 수리는 일응 상속포기의 요건이 구비되었음을 인정하는 것에 불과하며 상속포기의 효력은 상속포기의 신고 그 자체로 발생하는 것이므로, 결국 후순위 상속인의 상속포기는 오로지 현실적인 그 효력의 발생에 있어 선순위 상속인의 상속포기 신고가 적법한 것으로 수리되어 상속개시된 때에 소급하여 효력이 있음을 요할 따름이고, 각 신고 및 수리의 선후라는 사정 등에 의하여 그 상속포기의 효력이 좌우될 것은 아니다(인천지방법원 2003. 4. 29.자 2003브1 결정)."라고 하였습니다.

후순위 상속인이 상속개시 후에 미리 상속포기 신고를 할 수 있는지의 문제를 다룬 대법원의 판례는 아직 없으나, 실무에서는 위 인천지방법원 판례에 따라 처리하고 있습니다.

아버지 상속포기한 후에
할아버지 재산 받을 수 있나요?

Q. 3년 전에 아버지가 돌아가셨을 때 저와 제 동생은 상속포기를 했습니다. 아버지가 남긴 재산은 거의 없었고, 카드 대출 몇백만 원의 빚이 있었기 때문입니다. 그리고 2주 전에 할아버지가 돌아가셨습니다. 할아버지 재산으로는 시골에 사시던 집과 논, 밭이 있었는데 큰아버지는 우리가 아버지 상속을 포기했으니 할아버지 재산을 받을 수 없다고 하였습니다. 이 말이 맞나요?

A. 아버지(피대습인)의 상속을 포기한 자녀(대습상속인)가 할아버지(피상속인)로부터 상속을 받을 수 있는지의 문제입니다. 상속인이 될 사람이 피상속인보다 먼저 사망했고, 먼저 사망한 사람에게 다시 상속인이 있다면 이들은 피상속인으로부터 상속을 받을 수 있습니다. 이때 피상속인보다 먼저 사망한 상속인을 피대습인, 피대습인의 상속인을 대습상속인이라고 합니다.

 대습상속인이 피대습인의 상속을 포기했으니 대습상속도 받을 수 없을 것 같은데, 대법원의 판단은 달랐습니다..

대법원은 "피상속인의 사망으로 상속이 개시된 후 상속인이 상속을 포기하면 상속이 개시된 때에 소급하여 그 효력이 생긴다(민법 제1042조). 따라서 제1순위 상속권자인 배우자와 자녀들이 상속을 포기하면 제2순위에 있는 사람이 상속인이 된다. <u>상속포기의 효력은 피상속인의 사망으로 개시된 상속에만 미치고, 그 후 피상속인을 피대습자로 하여 개시된 대습상속에까지 미치지는 않는다</u>. 대습상속은 상속과는 별개의 원인으로 발생하는 것인 데다가 대습상속이 개시되기 전에는 이를 포기하는 것이 허용되지 않기 때문이다. 이는 종전에 상속인의 상속포기로 피대습자의 직계존속이 피대습자를 상속한 경우에도 마찬가지이다. 또한 피대습자의 직계존속이 사망할 당시 피대습자로부터 상속받은 재산 외에 적극재산이든 소극재산이든 고유재산을 소유하고 있었는지에 따라 달리 볼 이유도 없다.

따라서 <u>피상속인의 사망 후 상속채무가 상속재산을 초과하여 상속인인 배우자와 자녀들이 상속포기</u>를 하였는데, 그 후 <u>피상속인의 직계존속이 사망</u>하여 민법 제1001조, 제1003조 제2항에 따라 대습상속이 개시된 경우에 <u>대습상속인이 민법이 정한 절차와 방식에 따라 한정승인이나 상속포기를 하지 않으면 단순승인을 한 것으로 간주</u>된다. 위와 같은 경우에 이미 사망한 피상속인의 배우자와 자녀들에게 피상속인의 직계존속의 사망으로 인한 대습상속도 포기하려는 의사가 있다고 볼 수 있지만, 그들이 상속포기의 절차와 방식에 따라 피상속인의 직계존속에 대한 상속포기를 하지 않으면 효력이 생기지 않는다. 이와 달리 <u>피상속인에 대한 상속포기를 이유로 대습상속 포기의 효력까지 인정한다면 상속포기의 의사를 명확히 하고 법률관계를 획일적으로 처리함으로써 법적 안정성을 꾀하고자 하는 상속포기제도가 잠탈될 우려가 있다</u>(대법원 2017. 1. 12. 선고 2014다39824 판결)."라고 하였습니다.

따라서 아버지의 재산보다 빚이 많아 자녀들이 상속포기 신고를 했다고 하더라도, 나중에 할아버지가 돌아가신 후에 할아버지로부터 상속을 받을 수 있습니다. 하지만 반대로 할아버지 역시 재산보다 빚이 많을 때는 할아버지가 돌아가신 후에 대습상속인들이 반드시 상속포기 또는 한정승인 신고를 해야 한다는 점을 주의하여야 합니다.

상속포기 각서를 쓴 것이
사해행위가 될 수 있나요?

Q. 아버지가 사업에 실패한 후 우리 집은 아버지의 큰 빚 때문에 아직도 힘들게 살고 있습니다. 석 달 전 할아버지가 돌아가시고 나서 아버지와 아버지 형제들은, 아버지가 할아버지 재산을 상속받아봐야 어차피 그 재산은 채권자들이 가져갈 테니, 아버지는 상속포기각서를 쓰고 다른 형제끼리 재산을 나누어 갖기로 합의하였습니다. 그런데 어떻게 그러한 사실을 알았는지 아버지의 채권자들이 아버지 형제들을 상대로 사해행위취소소송을 하였습니다. 아버지가 상속포기각서를 쓴 것이 문제라는데 상속을 포기했는데도 채권자에게 할아버지 재산을 주어야 하나요?

A. 사해행위란 쉽게 말해 빚을 진 채무자가 자신의 재산을 빼돌려 채권자들이 돈을 회수하지 못하게 하는 행동을 말합니다. 그래서 민법은 채무자가 사해행위를 했을 때, 사해행위취소소송을 하여 채무자와 제3자간의 법률행위를 취소하고 제3자에게 넘어간 재산을 채무자 명의로 돌려놓을 수 있도록 하고 있습니다.

그런데 채무자가 상속을 받을 상황이 되면 사해행위취소 문제가 등장하기에 십상입니다. 채무자가 상속을 받아서 그 재산으로 빚을 갚는데 쓸 생각을 하고 있다면 큰 문제는 없지만, 어떤 채무자는 상속포기를 하여 계속 재산이 없는 상태를 만들어 놓고 다른 공동상속인에게서 채권자 몰래 재산을 받을 생각을 할 수도 있기 때문이죠.

문제는 흔히 일반인들이 말하는 '상속포기'는 법률적 의미의 상속포기와 같지 않다는 데에 있습니다.

법률적 의미의 '상속포기'를 하려면 일정한 기한 내에 법원에 상속을 포기하겠다는 의사표시를 해야 합니다. 반면에 <u>상속포기각서를 썼다면, 그것은 진정한 의미의 상속포기가 아니라, 공동상속인과의 상속재산분할협의 과정에서 상속재산을 받지 않겠다는 내용의 분할협의를 했다고 해석합니다.</u>

결론부터 말씀드리자면, 법원에 신고하는 상속포기는 사해행위가 아니지만, 상속포기각서를 쓰고 재산을 받지 않는 행위는 사해행위가 될 수 있습니다. 다음 두 개의 대법원 판례를 보시죠.

먼저 빚이 많은 상속인이 법원에 상속포기 신고를 하더라도 이는 채권자들에 대한 사해행위가 아니라는 대법원 판례입니다.

"상속의 포기는 비록 포기자의 재산에 영향을 미치는 바가 없지 아니하나(그러한 측면과 관련하여서는 '채무자 회생 및 파산에 관한 법률'제386조도 참조) 상속인으로서의 지위 자체를 소멸하게 하는 행위로서 순전한 재산법적 행위와 같이 볼 것이 아니다. 오히려 <u>상속의 포기는 1차적으로 피상속인 또는 후순위상속인을 포함하여 다른 상속인 등과의 인격적 관계를 전체적으로 판단하여 행하여지는 '인적 결단'으로서의 성질을 가진다. 그러한 행위에 대하여 비록 상속인인 채무자가 무자력상태에 있다고 하여서 그로 하여금 상속포기를 하지 못하게 하는 결과가 될 수 있는 채권자의 사해행위취소를 쉽사리 인정할 것이 아니다.</u> 그리고 상속은 피상속인이 사망 당시에 가지던 모든 재산적 권리 및 의무·부담을 포함하는 총체재산이 한꺼번에 포괄적으로 승계되는 것으로서 다수의 관련자가 이해관계를 가지는데, 위와 같이 상속인으로서의 자격 자체를 좌우하는 상속포기의 의사표시에 사해행위에 해당하는 법률행위에 대하여 채권자 자신과 수익자 또는 전득자 사이에서만 상대적으로 그 효력이 없는 것으로 하는 채권자취소권의 적용이 있다고 하면, 상속을 둘러싼 법률관계는 그 법적 처리의 출발점이 되는 상속인 확정의 단계에서부터 복잡하게 얽히게 되는 것을 면할 수 없다. 또한 상속인의 채권자의 입장에서는 상속의 포기가 그의 기대를 저버리는 측면이 있다고 하더라도 채무자인 상속인의 재산을 현재의 상태보다 악화시키지 아니한다. 이러한 점들을 종합적으로 고려하여 보면, <u>상속의 포기는 민법 제406조 제1항에서 정하는 "재산권에 관한 법률행위"에 해당하지 아니하여 사해행위취소의 대상이 되지 못한다</u>(대법원 2011. 6. 9. 선고 2011다29307 판결)."

다음은 상속재산분할협의가 사해행위의 대상이 될 수 있다는 내용의 대법원 판례입니다.

"상속재산의 분할협의는 상속이 개시되어 공동상속인 사이에 잠정적 공유가 된 상속재산에 대하여 그 전부 또는 일부를 각 상속인의 단독소유로 하거나 새로운 공유관계로 이행시킴으로써 상속재산의 귀속을 확정시키는 것으로 그 성질상 재산권을 목적으로 하는 법률행위이므로 사해행위취소권 행사의 대상이 될 수 있다(대법원 2001. 2. 9. 선고 2000다51797 판결)."

따라서 상속인 중에 빚이 많은 사람이 있어 그 상속인이 상속재산을 분배받지 않으려면, 상속포기각서를 쓰지 말고 법원에 상속포기 신고를 하여야 합니다.

만약 이를 간과하고 상속포기각서를 쓰는 형식으로 상속재산분할협의를 했을 때는 상속재산분할협의가 사해행위라는 이유로 취소될 수 있습니다(그 상속인의 상속분 한도에서).

상속분할협의 한 날 vs. 상속등기한 날
– 언제가 사해행위 기준일?

Q 아버지가 2011년 8월에 돌아가셨고, 어머니와 오빠, 저 이렇게 세 명이 상속인입니다. 아버지 재산이라고는 가족들이 지금 같이 사는 집뿐이어서, 우리 가족은 이 집을 어머니가 전부 가져가시는 거로 했습니다. 또 오빠는 사업 실패로 신용불량자여서 재산을 받아봐야 빚쟁이들이 가져갈 것이 뻔해 어머니 명의로 하는데 별다른 반대를 하지 않았습니다. 이후 2013년 6월에 상속등기를 했는데, 2018년 5월에 어머니가 법원에서 소장을 받았습니다. 오빠의 채권자가 소송했는데, 어머니 앞으로 상속등기를 한 것이 사해행위이니 취소해야 한다는 내용이었습니다. 저희는 아버지가 돌아가신 후에 오빠가 상속포기 신고를 해야 했다는 사실을 이번에 처음 알았습니다. 여기저기 물어보니 빚이 있는 상속인이 재산 안 받겠다고 상속재산분할 협의를 하면 사해행위라고 하던데, 저희가 이 소송에서 지는 건가요?

A 앞서 상속인 중에 빚이 많은 사람이 상속포기 신고를 하면 사해행위가 아니지만, 상속재산을 받지 않는 내용의 상속재산분할 협의를 하면 원칙적으로 사해행위가 된다고 말씀드

렸습니다.

그래서 이 사안의 구조가 전형적인 상속인의 사해행위이므로 다른 특별한 사정이 없으면, 어머니 명의 상속등기가 오빠 상속분을 한도로 말소되거나, 오빠의 빚만큼 돈으로 갚아야만 합니다. 그런데 실제 대법원 사안에서는 어머니가 승소할 수 있었습니다. 왜 그랬을까요?

대법원은 "사해행위취소의 소는 <u>법률행위가 있은 날부터 5년 내에 제기해야 한다</u>(민법 제406조 제2항). ...(중략)... 사해행위에 해당하는 법률행위가 언제 있었는가는 실제로 그러한 사해행위가 이루어진 날을 표준으로 판정하되, 특별한 사정이 없는 한 처분문서에 기초한 것으로 보이는 **등기부상 등기원인일자**를 중심으로 그러한 사해행위가 실제로 이루어졌는지 여부를 판정할 수밖에 없다(대법원 2021. 6. 10. 선고 2020다265808 판결)."라고 하였습니다.

실제 사안에서 피상속인은 2011. 8. 9. 사망하였고, 피상속인의 배우자와 자녀1, 자녀2는 상속재산을 배우자가 단독 상속하는 내용으로 상속재산분할협의를 했습니다. 그리고 등기는 2013. 6. 14.에 하였습니다. 그런데 자녀1의 채권자인 원

I. 상속인 79

고가 상속등기일로부터 5년이 지나지 않은 2018. 3. 28. 배우자를 상대로 사해행위취소소송을 제기하였습니다.

대법원은 "취소 대상 법률행위인 상속재산분할협의가 있은 날은 등기부상 등기원인일자인 2011. 8. 9.로 봄이 타당"하고, 원고가 등기원인일자로부터 5년이 지나 사해행위취소소송을 제기했으므로 부적법하다고 판단하였죠.

이 판례는 실제 등기부등본에 어떤 내용이 담기는지를 알지 못하면 이해하기 어려운 판례입니다.

실제 상속인들이 상속재산분할협의를 하여 상속등기를 한 부동산의 등기사항전부증명서를 보시죠.

순위번호	등 기 목 적	접 수	등 기 원 인	
				접수 2
3	소유권이전	2023년 ■월 ■일 제56■호	1996년 ■월 ■일 협의분할에 의한 상속	소유자

위 예에서 보시는 것처럼, 등기사항전부증명서에는 등기접수일과 등기원인일을 적는데, 실무상 등기원인일은 피상속인의 사망일입니다. 왜냐하면, 상속재산분할 협의의 효과

는 피상속인의 사망 시점으로 소급하여 효력이 생기기 때문이죠. 실제로 피상속인이 사망한 후 몇 달 또는 몇 년이 지나 상속인들이 상속재산분할 협의를 했더라도 상속등기의 원인일자는 피상속인의 사망일이 됩니다.

그런데 위 대법원 판례는 사해행위의 기준일이 상속인 명의로 '등기된 날'이 아니라 피상속인의 사망일인 '등기원인일'이라고 하였습니다.

결국, 이 대법원 판례의 결론은 채무자가 빚이 많아 상속재산을 받지 않겠다고 상속부동산에 관한 상속재산분할 협의를 했다면, 채권자는 <u>사실상 피상속인 사망일로부터 5년 이내</u>에 사해행위취소소송을 시작해야 한다는 뜻과 같습니다.

05.
상속인의 부존재

　신원이 불분명한 사람이 사망하였다면, 당연히 그 사람의 상속인이 누구인지 알 수 없습니다. 그리고 피상속인에게 가족관계등록부상 친족이 전혀 없을 수도 있습니다. 또는 친족이 있다고 하더라도, 상속순위에 있는 친족 전원이 모두 상속포기 신고를 하거나, 그들에게 상속결격 사유가 있을 수 있습니다.
　이처럼 상속인이 존재하는지가 불분명하거나 상속인이 존재하지 않는 때를 '상속인의 부존재'라 합니다.

사촌 이모님의 남편이 남기신 재산 상속받을 수 있나요?

Q 사촌 이모부님은 한국전쟁 때 가족을 잃은 전쟁고아였습니다. 북한군의 포격으로 부모님과 두 동생을 모두 잃고 아저씨뻘 되는 먼 친척분을 따라 부산으로 피난을 왔고, 그분의 자녀로 출생신고가 되었습니다. 그러다가 성년이 된 후 호적상의 부모님과 협의하여 친생자소송을 통해 가족관계를 정리하였습니다. 사촌 이모부는 저희 어머니의 사촌 언니와 결혼하여 40년 동안 결혼생활을 하셨는데 두 분 사이에 자녀는 없었습니다. 저희 남매가 어렸을 때부터 사촌 이모 부부와 워낙 친밀하게 지내와서 사촌 이모가 먼저 돌아가시고 나서도 저희 남매는 사촌 이모부를 돌보아드렸습니다. 사촌 이모부님이 폐암으로 돌아가시기 전까지 병원비나 생활비도 저희 남매가 도와드렸습니다. 사촌 이모부님이 아파트 하나를 남기신 채 2달 전에 돌아가셨는데 4순위까지 상속인이 될 사람이 없는 상태입니다. 찾아보니 '특별연고자'가 있다는데 이것은 무엇인가요?

A 어떤 사람이 세상을 떠났는데 배우자도 없고 천애고아라 피붙이가 전혀 없을 수 있습니다. 이런 때에 돌아가신 분이

남긴 재산은 모두 국고로 귀속됩니다. 그런데 돌아가신 분의 가족관계등록부상 친족이 없다고 하더라도, 생전에 생계를 같이 했던 사람이 있거나, 이분을 돌보아 준 사람이 있을 수 있습니다.

이처럼 피상속인에게 상속인은 없지만, 가족과 같은 사람이 있었을 때(이러한 사람을 '특별연고자'라고 합니다), 피상속인의 상속재산을 국고로 귀속시키기 전에 특별연고자에게 상속재산의 전부 또는 일부를 분배하는 제도를 특별연고자에 대한 분여라고 합니다.

그럼 먼저 피상속인에게 상속인이 없을 때 상속재산을 어떻게 처리하는지 알아보겠습니다.

> **제1053조**(상속인없는 재산의 관리인) ① 상속인의 존부가 분명하지 아니한 때에는 법원은 제777조의 규정에 의한 피상속인의 친족 기타 이해관계인 또는 검사의 청구에 의하여 상속재산관리인을 선임하고 지체 없이 이를 공고하여야 한다.

피상속인에게 상속인이 없을 때는 상속순위에는 없지만, 민법 제777조의 규정에 따른 친족인 사람이나 이해관계인 또는 검사는 가정법원에 피상속인의 상속재산을 관리할 사람을 선임해달라는 청구를 할 수 있습니다.

> **제1056조**(상속인없는 재산의 청산) ①제1053조 제1항의 공고 있은 날로부터 3월내에 상속인의 존부를 알 수 없는 때에는 관리인은 지체 없이 일반상속채권자와 유증받은 자에 대하여 일정한 기간 내에 그 채권 또는 수증을 신고할 것을 공고하여야 한다. 그 기간은 2월 이상이어야 한다.
> **제1057조**(상속인수색의 공고) 제1056조 제1항의 기간이 경과하여도 상속인의 존부를 알 수 없는 때에는 법원은 관리인의 청구에 의하여 상속인이 있으면 일정한 기간 내에 그 권리를 주장할 것을 공고하여야 한다. 그 기간은 1년 이상이어야 한다.

상속재산관리인이 선임되고 그 사실이 공고된 날로부터 3개월 동안에도 상속인이 있는지 알 수 없을 때는 상속재산관리인은 2개월 이상의 기간을 정해 상속채권자와 유증받은 자에 대하여 채권신고를 하라는 공고를 합니다.

그런데 위 2개월 이상의 기간이 지나도록 상속인이 있는지 알 수 없으면 상속재산관리인은 1년 이상의 기간을 정하여 최종적인 상속인 수색공고를 합니다.

> 제1057조의2(특별연고자에 대한 분여) ①제1057조의 기간내에 상속권을 주장하는 자가 없는 때에는 가정법원은 피상속인과 생계를 같이 하고 있던 자, 피상속인의 요양간호를 한 자 기타 피상속인과 특별한 연고가 있던 자의 청구에 의하여 상속재산의 전부 또는 일부를 분여할 수 있다.
> ② 제1항의 청구는 제1057조의 기간의 만료후 2월 이내에 하여야 한다.
> **제1058조**(상속재산의 국가귀속) ①제1057조의2의 규정에 의하여 분여(分與)되지 아니한 때에는 상속재산은 국가에 귀속한다.

위 1년 이상의 기간이 지나도록 여전히 상속인이 있는지 알 수 없을 때는 가정법원은 이른바 '특별연고자'에게 상속재산의 전부 또는 일부를 분여할 수 있습니다. 이때 특별연고자임을 주장하는 사람은 위 1년 이상의 공고기간이 종료한 날로부터 2개월 이내에 특별연고자에 대한 재산분여청구를 하여야 합니다.

그리고 특별연고자에게 분여되지 않은 재산은 결국 국고로 귀속됩니다.

위 사안에서 피상속인은 배우자도 없고, 직계비속, 직계존속, 형제자매, 4촌 이내의 방계혈족이 단 한 명도 없습니다. 그리고 피상속인을 돌보았던 질문자는 피상속인과는 5촌 인척이기 때문에 민법 제777조의 친족도 아닙니다.

> **제777조**(친족의 범위) 친족관계로 인한 법률상 효력은 이 법 또는 다른 법률에 특별한 규정이 없는 한 다음 각호에 해당하는 자에 미친다.
> 1. 8촌 이내의 혈족
> 2. 4촌 이내의 인척
> 3. 배우자

그러나 질문자는 피상속인의 특별연고자 분여청구를 할 수 있는 이해관계인에는 포함될 수 있습니다.

그렇다면 우선 질문자는 가정법원에 상속재산관리인 선임청구를 하고, 상속재산관리인이 한 수색공고 등의 기간이 모두 종료한 후에 특별연고자 재산분여 청구를 하면 되겠습니다.

II. 상속재산

01. 상속재산과 명의신탁

02. 상속재산과 고유재산

03. 상속채권과 상속채무

04. 상속재산의 법정과실

05. 장례비, 상속세 등 비용문제

01.
상속재산과 명의신탁

'부동산 실권리자명의 등기에 관한 법률'은 종중이나 부부간의 명의신탁을 제외하고는 부동산 명의신탁을 불법으로 보고 있고, '금융실명거래 및 비밀보장에 관한 법률'은 누구든지 타인의 실명으로 금융거래를 할 수 없도록 하고 있습니다. 하지만 이렇게 명의신탁이 불법인데도 여전히 재산의 차명거래는 근절되지 않고 있죠.

피상속인의 명의 재산이 타인의 차명재산이라거나 피상속인이 차명으로 재산을 가지고 있을 때 이 재산이 상속재산 분할의 대상이 될 것인지는 중요한 문제입니다.

부동산을 증여받았는데 명의신탁 재산이 될 수 있나요?

Q 아버지가 돌아가신 후 누나들이 상속재산분할심판청구를 하였습니다. 생전에 아버지가 거의 전재산을 저한테 주신 후에 세입자 관리나 건물 수리 같은 관리를 해주셨는데 누나들은 제 명의 재산의 실소유자는 아버지라고 하면서 제 명의로 된 재산을 똑같이 나누어야 한다고 하고 있습니다. 분명히 아버지한테 증여받은 것이고, 제가 취업하고 결혼한 후부터는 제가 관리했는데 아버지 차명 재산이라고 하니 어이가 없습니다. 물론 아버지의 도움을 조금씩 받기는 했지만, 생전의 아버지도 이 재산은 전부 제 것이라고 누나들에게 말하곤 했습니다. 그런데도 누나들은 차명재산이니까 국세청에 신고하겠다, 경찰에 고소하겠다 아주 난리도 아닙니다. 이럴 때는 어떻게 해야 하나요?

A A라는 사람의 계좌에서 B라는 사람의 계좌로 돈이 이체되었을 때 이체의 원인을 몇 가지 생각할 수 있습니다. A가 B에게 돈을 빌려줬을 수도 있고, 아니면 A가 빌린 돈을 B에게 갚은 것일 수도 있습니다. 또는 A가 B에게 이 돈을 증여한 것일 수도 있고, A가 B 명의의 계좌를 관리하면서 자신의 돈을

B명의 계좌에 잠시 옮겼을 수도 있습니다.

이처럼 돈이 오고 간 후 당사자 사이에 분쟁이 생겼을 때는 이체의 원인이 무엇인지가 분쟁 해결의 핵심이 됩니다.

그런데 부동산 거래는 위 돈거래와는 분쟁의 양상이 조금 다릅니다. 왜냐하면, 부동산 거래에는 반드시 '등기'가 있어야 하기 때문이죠. 그리고 부동산등기부는 그 원인대로 등기가 되었다는 강력한 법률상 추정을 받습니다. 즉, 등기원인이 '증여'라면 실제 증여가 있었던 것으로, '매매'라면 실제 매매가 있었다는 것으로 추정을 받는다는 뜻입니다.

그래서 부동산등기부상에는 '매매'라고 되어있지만, 등기를 받은 사람이 매매대금을 지급하지 않아 그 실질은 증여라거나 또는 매매 형식을 취했으나 실제로는 명의신탁이라는 점은 그것을 주장하는 사람이 입증하여야 합니다.

결국, 피상속인에게서 증여받은 재산이 실제로는 명의신탁 재산이라는 판단을 받으려면, 위 등기의 추정력을 뒤집을 수 있는 증거가 필요합니다.

구체적으로는 당사자 사이에 명의신탁 약정이 있었는지, 신탁재산의 취득자금은 누가 부담했는지, 누가 소유의 의사로 사용·수익·관리를 했는지 등이 중요하겠죠.

위 사안의 경우, 법원이 등기부상 '증여'받은 재산을 두고 명의신탁 재산으로 판단할 것인지 아니면 단순한 증여재산으로 볼 것인지는, 명의신탁을 주장하는 사람이 등기추정력을 복멸할 수 있을 정도의 입증을 할 수 있는지에 달려있습니다.

만약 이 재산이 명의신탁 재산이라고 한다면 상속재산분할의 대상이 될 것이고, 명의신탁 재산이 아니라고 한다면, 당연히 상속재산분할심판청구의 대상이 될 수는 없겠죠.

다음은 상속재산분할심판청구 사건에서 명의신탁 쟁점이 등장했을 때의 판례들입니다.

※ 실제 관련 판례

I. 법무법인 세웅 성공 사례

1. 의정부지방법원 고양지원 2017느합*****

청구인들은, 피상속인이 A 부동산을 상대방 ○○○의 남편 ●●

●에게 명의신탁한 것이므로 A 부동산도 상속재산에 포함되어야 한다고 주장한다.

...(중략) 피상속인이 201×. 00. 00. 상대방 ◎◎◎에게 '상대방 ○○○에게 A 부동산를 사준 것이 아니고, 월세를 받으면서 피상속인이 관리하고 있다'고 말한 사실, 상대방 ◆◆◆이 201×. 00. 00. 청구인들, 상대방 ◎◎◎, 상대방 ○○○에게 'A 부동산이 명의와는 다르게 아버지(피상속인) 것이 맞고, 매달 월세가 아버지 통장에 들어갔다'고 말한 사실, 상대방 ○○○이 피상속인에게 201×. 00. 00.부터 201×. 00. 00.까지 입금한 금액 a원은 위 A 부동산 월세 금액과 같고, ...(중략)... 사실이 인정되기는 한다.

그러나 ...(중략)... 및 심문 전체의 취지를 종합하여 인정되는 다음과 같은 사정, 즉 피상속인이 자녀인 상대방 ○○○이 아닌 사위인 ●●●의 이름으로 명의신탁을 하는 것은 이례적인 점, 상대방 ○○○은 A 부동산의 잔금 명목으로 피상속인으로부터 b원을 차용한 것을 전제로 201×. 00. 00. 경부터 201×. 00. 00.까지 원금 합계 c원, 이자 합계 d원을 변제해 온 점, 상대방 ○○○이 피상속인에게 이체한 금액 A 부동산의 월세와 완전히 일치하지는 아니하는 점 등에 비추어 볼 때 위 인정사실만으로는 피상속인의 A 부동산을 ●●●에게 명의신탁하였음을 인정하기에 부족하므로 위 주장은 받아들이지 아니한다.

II. 기타 관련 판례

♣ 피상속인의 명의신탁 재산 '긍정'판례

1. 서울가정법원 20**느합***** 상속재산분할

...(중략)... 피상속인은 아들인 청구인, 상대방 ○○○ 및 며느리인 ●●● 명의로 A 예금계좌를 개설한 후 자신의 금원을 입금하였는데, 예금계좌 개설시 신고된 인감으로는 피상속인의 인감을 사용하거나 각 그 예금계좌의 명의자 이름으로 된 막도장을 날인한 후 자신이 그 막도장을 보관해 온 사실, 피상속인은 각 예금계좌 개설 후 그 각 명의자들에게 예금통장을 교부하지 아니하고 사망시까지 자신의 금고에 보관하고 있으면서 예금 내역에 대해 각 명의자들에게 알려주지도 않은 사실, 피상속인은 A 예금계좌 외에도 자신의 자녀들이나 친척들 명의로 예금계좌를 개설하였다가 해지 후 그 돈을 자신이 계속 보유하였던 사실을 인정할 수 있는바, 위와 같이 인정된 사실에 의하면 피상속인이 청구인, 상대방 ○○○, ●●●에게 A 예금계좌의 예금주 명의를 신탁한 것으로 보는 것이 타당하다 할 것이므로, A 예금채권은 피상속인의 명의신탁 재산으로서 이 사건 상속재산분할의 대상에 포함된다.

♧ 피상속인의 명의신탁 재산 '부정'판례

1. 서울가정법원 20**느합** 상속재산분할

...(중략)... 상대방 ●●●, ◉◉◉은 모두 미혼으로 피상속인이

사망하기 전까지 부모님인 피상속인 및 상대방 ○○○과 함께 거주하였으므로, 상대방들은 금융지식이 해박한 피상속인에게 상대방들 보유의 주식이나 예금의 운용과 처분 등을 위임하였고, 이러한 위임에 따라 피상속인이 가족 전체의 이익을 위하여 피상속인 명의의 계좌와 상대방들의 계좌를 명의대로 엄격하게 구분하지 않은 채 필요에 따라 임의로 사용하였을 가능성을 배제할 수 없는 점…(중략)… 주식을 매도하고 매수하는 데 있어 가족관계인 피상속인과 상대방들이 사전에 상의하여 동일한 주식 종목을 매수하거나 매도하는 일은 자연스럽게 일어날 수도 있다고 보이는 점…(중략)… 상대방들은 현금 또는 주식 증여로 인하여 증여세를 납부하기도 한 점, 상대방들은 자신 명의의 예금통장과 도장을 소지하고 있는 점, 피상속인은 고령이어서 충분히 사망 후 상속에 관한 문제를 염두에 두었을 것으로 추측되는데, 명의신탁재산이라고 한다면 그 재산을 다시 자신의 명의로 되돌리는 절차를 충분히 밟을 수 있었음에도 불구하고, 이러한 절차를 밟거나 밟으려고 시도하지 아니한 점, 상대방들은 …(중략)…고유재산을 형성할 수 있는 경제적 능력이 있었던 점 등 여러 사정을 종합하여 보면, 청구인이 주장하는 사정만으로는 상대방들 명의로 된 위 재산들이 모두 피상속인의 명의신탁재산이라고 단정하기 어렵다.

…(중략)… 상대방들 명의의 위 각 A 아파트는 상대방들이 200×년에 매수한 B 단독주택이 각 재개발된 것인데, 상대방들의 B 단독

주택 재산세 등 제세공과금 등은 각자 자신의 통장에서 지급된 점, 재개발 당시 200×년경 상대방들에게 무이자로 이주비가 지원되었고, 납부확인서도 상대방들에게 교부된 점, 상대방들은 자신이 보유한 A 아파트의 취득세, 등록세, 관리비 등을 자신 명의의 은행계좌를 통하여 지급한 점, 상대방들은 각자 자신 명의의 A 아파트의 등기권리증을 보유하고 있는 점 등 여러 사정에 앞서 인정한 바와 같이 상대방들의 예금채권은 상대방들의 고유재산인 점을 종합하여 보면, 상대방들 명의의 위 예금채권에서 인출된 돈 등으로 매입하게 된 상대방들 명의의 위 A 아파트는 상대방들의 고유재산이라 볼 것이고, 달리 피상속인의 명의신탁재산임을 인정할 만한 증거가 없다.

2. 서울가정법원 20**느합*** 상속재산분할

 이 사건 토지 및 단층주택에 관하여 피상속인과 상대방 사이의 묵시적 명의신탁약정에 의한 명의신탁관계가 존재하였는지에 관하여 보건대, 묵시적 명의신탁약정이 있었다는 청구인들의 주장에 부합하는 듯한 …(중략)…의 각 기재는 피상속인의 친척 등이 피상속인으로부터 전해들었다는 내용에 불과하여 이를 그대로 믿기 어려울 뿐만 아니라 그것만으로는 <u>피상속인이 상대방 명의로 부동산을 매수하면서 실질적으로 자신이 소유권을 보유하고 상대방이 이를 용인하였다는 등 명의신탁관계에 관한 묵시적 합의가 있었을 인정</u>

하기에 부족하고, ...(중략)...의 각 기재에서 알 수 있는 다음과 같은 사정, 즉 피상속인이 이 사건 단층주택 중 일부를 임대하여 그 차임을 수령하여 왔다거나, 피상속인 및 그 가족들이 위 단층주택에 거주하거나 또는 그곳을 거주지로 하여 주민등록신고를 하였던 적이 있다는 등의 사정만으로는 이 사건 토지 및 단층주택에 관하여 외부관계에서는 상대방이 완전한 소유자로 행세하되 피상속인과 상대방 사이의 내부관계에서는 피상속인이 소유권을 보유하기로 하는 관계가 존재하였음을 인정하기에 부족하며, 달리 이를 인정할 만한 증거가 없다.

3. 서울가정법원 20**느합*** 상속재산분할

...(중략)... 과세관청은 피상속인의 사망으로 인한 상속세 세무조사 과정에서 별지4 차명혐의 계좌 명세 기재와 같이 청구인 ○○○, 상대방 ●●●, ◎◎◎을 제외한 나머지 공동상속인들 명의의 해당 계좌를 피상속인의 차명계좌로 보고 이를 기초로 하여 상속세 부과처분을 한 사실, 이후 상대방 ⦿●● 명의의 잔액 a원의 계좌를 추가 차명계좌로 세무조사하여 이에 따른 추가 상속세 부과처분이 있었던 사실을 인정할 수 있으나, ...(중략)... 별지4 차명혐의 계좌 명세에 나타난 계좌들 이외에도 동일한 금융기관에 상당수의 다른 계좌들이 위 당사자 명의로 개설되어 있고, 이를 위 당사자들이 직접 관리하였던 것으로 보이는바, 위 차명혐의 계좌 명세 기재 각 계좌들과 위 당사자들 명의의 다른 계좌들이 어떻게 구분될 수

있는 것인지 알 수 있는 자료가 전혀 제출되지 아니한 점, 과세처분절차와 상속재산분할절차는 그 목적과 법리를 달리하고 있어 과세과정에서 이루어진 세무조사결과를 상속재산분할절차에서 그대로 취신할 수 없는 점, 상대방들 명의의 계좌 개설과정에서 피상속인뿐만 아니라 상대방 ◆◆◆이 관여하였거나 자금을 조달하였을 가능성도 배제할 수 없는 점 등을 종합적으로 고려하여 보면, 청구인들이 제출한 증거만으로는 청구인들 주장의 차명혐의 계좌가 실제 피상속인의 소유임에도 해당 상속인들에게 명의신탁한 것임을 인정하기에 부족하고 달리 이를 인정할 증거도 없다.

4. 서울고등법원 20**브** 상속재산분할

살피건대, …(중략)… 199×. 00. 00. A 은행에 ○○○ 명의로 개설된 두 개의 정기예금계좌에 각 a원이 이체된 사실, 위 각 정기예금계좌에서 매월 발생한 이자가 피상속인 명의의 A 은행 계좌로 이체된 사실, …(중략)… 위 각 정기예금계좌가 개설된 금융기관의 지점이 망인이 위 보통예금계좌를 개설한 지점과 동일한 ●● 지점인 사실, 피상속인이 생전에 "A 은행 이자받던 것 사후에 ◎◎◎에게 줘라"라고 한 말에 따라 청구인 ◇◇◇이 상대방 ◎◎◎에게 그와 같은 각서를 작성해 준 사실은 인정되나, 위 인정사실만으로는 ○○○ 명의로 예금계좌를 개설하여 자신의 소유인 b원을 위 예금계좌에 예치한 것이라고 인정하기에 부족하고 달리 이를 인정할 증거가 없다.

02.
상속재산과 고유재산

상속재산분할의 대상은 상속개시 당시 피상속인 명의로 남아 있는 적극재산입니다.

그런데 상속재산처럼 보이지만 실제로는 유족의 고유재산으로 취급되어 상속재산분할의 대상이 아닌 재산이 있습니다. 생명보험금이나 유족연금 등이 대표적인 경우입니다.

퇴직생활급여금도 상속재산분할의 대상인가요?

Q. 급성심부전으로 세상을 떠난 남편은 초등학교 교원이었습니다. 남편과 저 사이에는 자녀가 없었고, 남편이 갑자기 사망한 후 시부모님과 남편이 남긴 재산을 나누려는데 그게 쉽지 않습니다. 워낙 평소에 시댁과 관계가 좋지 않은 데다 시부모님은 아들이 며느리 때문에 죽었다고 생각하고 있어서 저만 보면 극도로 적개심을 보입니다. 남편이 남긴 재산으로는 남편 명의의 아파트가 전부고 이 아파트에 제가 살고 있는데 시부모님은 당장 집을 비우라고만 하고 있습니다. 그리고 한국교직원공제회에서 나오는 퇴직생활급여금도 나누어야 한다고 하고 있습니다. 남편과 같이 살던 집에서 저도 살고 싶지 않기 때문에 나오면 그만인데 퇴직생활급여금 수령자가 배우자로 지정된 상황에서 그 돈도 시부모님과 나누어야 하나요?

A. 피상속인이 생명보험의 계약자로서 스스로 피보험자가 되고 상속인을 보험수익자로 하였을 경우, 생명보험금은 상속재산이 아니라 상속인들의 고유재산입니다. 보험금지급청구권은 상속이 원인이 아니라 보험계약의 효력으로 발생하기 때문입니다.

생명보험금은 피상속인의 사망으로 발생하는 권리이지만 상속재산이 아닌 상속인들의 고유재산으로 보는 대표적인 예입니다. 그밖에 유족연금이나 퇴직생활급여금도 상속재산이 아니라 상속인들의 고유재산입니다.

여기서 상속재산과 상속인들의 고유재산을 구분해야 하는 이유를 몇 가지 생각해볼 수 있습니다.

① 상속재산을 분배하기 위해서는 공동상속인 전원의 협의나 상속재산분할심판청구가 있어야 하지만, 고유재산은 이러한 절차 없이 상속인이 각자 법정상속분대로 수령할 수 있고,

② 상속재산을 분배할 때에는 기여분이나 공동상속인들의 특별수익을 고려한 구체적 상속분대로 나누는 것이 원칙이나, 고유재산은 법정상속분대로 분배됩니다.

또한, ③ 상속재산을 분배받으면(상속재산의 분배는 상속재산의 처분으로 봅니다) 단순승인으로 간주되어, 이후에 한정승인을 할 수 없거나, 한정승인의 효과가 번복될 수도 있지만, 상속인들의 고유재산은 한정승인과는 상관이 없습니다.

그래서 상속재산과 상속재산처럼 보이는 상속인들의 고유재산을 구분하는 것은 아주 중요합니다.

대법원은 퇴직생활급여금은 상속재산이 아니라 상속인들의 고유재산이기 때문에 상속재산분할의 대상이 아니라고 하고 있습니다. "갑이 초등학교 교사로서 퇴직 당시 퇴직일시금과 퇴직수당, 교원장기저축금 등을 받아 한국교직원공제회에 퇴직생활급여 상품으로 예치하였는데, 갑의 사망 후 공동상속인인 을 등이 다른 공동상속인인 병 등을 상대로 상속재산분할을 구하면서 갑이 생전에 한국교직원공제회에 예치해 두었던 퇴직생활급여금도 갑이 사망 당시 소유하고 있던 재산으로서 상속재산 분할대상에 해당한다고 주장한 사안에서, 한국교직원공제회가 운영하는 퇴직생활급여 상품은 퇴직 후 가입하는 저축상품으로서 가입자인 갑이 가입기간 동안 부가금(이자)을 지급받고, 급여를 청구할 경우 원리금을 모두 지급받는 구조인데, 가입자가 사망한 경우에 급여 수급권자의 순위는 민법상 재산상속 순위에 따르지만, 가입자가 사망 전에 배우자, 직계비속, 형제자매에 한하여 수급권자를 지정할 수 있으며, 이에 갑이 사망 전에 배우자인 병을 수급권자로 지정하였고, 이에 따라 병이 갑의 사망 후 한국교직원공제회로부터 갑이 생전에 예치한 퇴직생활급여를 받았는바, 이러한 퇴직생활급여의 발생 근거와 성격 등을 종합하면, 퇴직생활급여는 병이 독자적으로 수령할 권한이 있는 고유재산이므로 상속재산의 범위에 포함되지 않는다고 본 원심판단이 정당하다(대법원 2019. 5. 17. 자 2017스516, 517 결정)."

따라서 퇴직생활급여금의 수령권자가 배우자로 지정되어 있다면 이 돈을 시부모와 나눌 필요는 없습니다.

03.
상속채권과 상속채무

피상속인의 예금채권과 같은 가분채권은 법정상속분대로 분할되어 상속재산분할의 대상이 되지 않는 것이 원칙입니다. 다만, 예외적으로 상속인들의 구체적 상속분이 서로 다를 때는 상속재산분할의 대상이 될 수 있습니다.

그러나 실무상 대부분의 은행이 상속인 전원의 인감도장이 찍혀 있는 상속예금인출신청을 요구하고 있어, 이에 관한 별도의 조치가 필요합니다.

그리고 상속채무는 피상속인이 사망한 때 상속인들이 법정상속분대로 분담해야 하므로 상속재산분할의 대상이 될 수 없습니다. 상속채무를 공동상속인들끼리 분배할 수 있도록 허용한다면, 채권자에게 예측하지 못한 손해를 끼칠 수 있기 때문입니다.

할아버지 명의 통장에 있는 돈은 어떻게 나누어야 하나요?

Q. 외할아버지가 지난주에 돌아가셨는데 통장에 8,000만 원 정도가 있습니다. 외할머니는 예전에 먼저 돌아가셨고, 외삼촌들이랑 어머니랑 지금 이 돈을 놓고 크게 싸웠습니다. 외삼촌들은 외할아버지한테서 시골에 있는 땅을 받았는데도 그 재산은 예전에 받은 것이니 이 돈을 똑같이 1/n씩 나누자고 하고 있습니다. 저희 어머니는 외할아버지한테서 받은 재산이 거의 없는데 할아버지 8,000만 원을 똑같이 나누어야 하나요?

A. 내 통장에 100만 원이 있을 때 은행에 가면 100만 원을 곧바로 현금으로 찾을 수 있죠. 그래서 통장에 있는 돈은 곧 현금이라고 생각하기 쉽습니다. 그런데 법적 관점에서 예금주는, 은행을 상대로 예금액을 지급하라고 청구할 채권을 가진다고 해석합니다.

그래서 피상속인 명의의 계좌에 예금이 있다면, 공동상속인들은 피상속인의 은행에 대한 예금채권을 상속합니다. 이때 이 예금채권도 상속재산인데, 상속재산분할의 대상이 되는지에 관한 대법원의 판례가 있습니다. 살펴보시죠.

대법원은 "금전채권과 같이 급부의 내용이 가분인 채권은 공동상속되는 경우 상속개시와 동시에 당연히 법정상속분에 따라 공동상속인들에게 분할되어 귀속되므로 상속재산분할의 대상이 될 수 없는 것이 원칙이다. 그러나 가분채권을 일률적으로 상속재산분할의 대상에서 제외하면 부당한 결과가 발생할 수 있다. 예를 들어 공동상속인들 중에 초과특별수익자가 있는 경우 초과특별수익자는 초과분을 반환하지 아니하면서도 가분채권은 법정상속분대로 상속받게 되는 부당한 결과가 나타난다. 그 외에도 특별수익이 존재하거나 기여분이 인정되어 구체적인 상속분이 법정상속분과 달라질 수 있는 상황에서 상속재산으로 가분채권만이 있는 경우에는 모든 상속재산이 법정상속분에 따라 승계되므로 수증재산과 기여분을 참작한 구체적 상속분에 따라 상속을 받도록 함으로써 공동상속인들 사이의 공평을 도모하려는 민법 제1008조, 제1008조의2의 취지에 어긋나게 된다.

따라서 이와 같은 특별한 사정이 있는 때는 상속재산분할을 통하여 공동상속인들 사이에 형평을 기할 필요가 있으므로 가분채권도 예외적으로 상속재산분할의 대상이 될 수 있다(대법원 2016. 5. 4. 자 2014스122 결정)."

위 대법원의 판례 논리에 따르면 원칙적으로 금전채권인 은행에 대한 예금채권은 상속재산분할의 대상이 되지 않고, 상속개시(피상속인의 사망)와 동시에 공동상속인들의 법정상속분에 따라 곧바로 분배됩니다.

하지만 공동상속인 중에 기여분이 인정되는 사람이 있거나, 공동상속인 중에 특별수익이 있을 때는 상속재산은 법정상속분이 아니라 구체적 상속분에 따라 나누어야 합니다. 그래서 이때는 금전채권도 상속재산분할의 대상이 되어야 하죠.

따라서 위 사안에서 피상속인이 남긴 8,000만 원의 예금채권은 상속인들이 법정상속분대로 분배한다는 협의가 없는 한, 다른 공동상속인들의 특별수익을 고려한 구체적 상속분에 따라 분배할 수 있고, 가정법원에 상속재산분할심판청구를 하면 이 목적을 달성할 수 있습니다.

'구체적 상속분'이란 개념에 관하여는 뒤이어 안내하겠습니다.

※ 실제 관련 판례

I. 법무법인 세웅 성공 사례

1. 서울가정법원 2020느합**** 기여분결정 및 상속재산분할

급부의 내용이 가분인 채권은 상속개시와 동시에 당연히 법정상속분에 따라 공통상속인들에게 분할되어 귀속되는 것이므로 상속재산분할의 대상이 될 수 없는 것이 원칙이고, 이 사건에서 피상속인의 예금채권을 다른 상속재산과 함께 분할할 예외적인 사정도 인정되지 않는다(제3항 기재 현금 역시 상속개시 당시에 예금채권으로서 법정상속분에 따라 공동상속인들에게 분할 귀속된 것이므로, 민사상 정산하여야 할 것이고, 상속재산 분할의 대상이 되지 않는다). 따라서 별지 3 목록 기재 각 예금 채권 및 현금은 분할대상 상속재산으로 인정하지 않는다.

2. 대전가정법원 2020느합**** 상속재산분할

상대방 A의 특별수익이 인정되어 구체적 상속분이 법정상속분과 달라지는바, 비록 피상속인의 상속재산으로 가분채권 외에 이 사건 제3 부동산이 존재한다고 하더라도, 그 가액이나 구체적 상속분 및 분할방법에 비추어 보면, 이 사건 예금채권에 대하여도 상속재산분할을 통하여 공동상속인들 사이에 형평을 기할 필요가 있다고 인정된다. 따라서 이 사건 예금채권은 분할대상 상속재산에 포함한다.

3. 대전가정법원 천안지원 2021느합**** 상속재산분할

금전채권과 같이 급부의 내용이 가분인 채권이나 금전채무는 상속개시와 동시에 당연히 법정상속분에 따라 공동상속인에게 분할되어 귀속되어 원칙적으로 상속재산분할의 대상이 되지 않으므로(대법원 1997. 6. 24. 선고 97다8809 판결, 대법원 2006. 7. 24. 자 2005스83 결정 등 참조), 별지2 목록 기재 각 예금채권(갑 제5, 6호증, 이하 '이 사건 각 예금채권'), 별지3 목록 제1항 기재 채무(갑 제3호증의 1, 이하 '이 사건 대출금채무')는 분할대상에서 제외한다.

피상속인이 남긴 빚도
상속인들끼리 나눌 수 있나요?

Q 두 달 전에 혼자 살던 작은 누나가 급성패혈증으로 세상을 떠났습니다. 누나는 25년 전에 결혼했다가 곧 이혼했고 부부 사이에 자녀는 없었습니다. 부모님은 예전에 돌아가셔서 누나의 상속인은 큰 누나와 큰형, 작은형 그리고 저입니다. 누나는 은행 통장에 1,000만 원 정도 돈이 있었고, 1억 5천만 원짜리 전셋집에 살고 있었습니다. 그리고 전세자금대출이 5천만 원에다 개인적인 채무가 4,000만 원 정도가 있는 상태입니다. 그런데 작은형이 자기는 작은 누나 채무는 전혀 책임지고 싶지 않으니 누나가 남긴 재산 중에서 일부만 주면 빠지겠다고 하고 있습니다. 이럴 때 누나 상속처리는 어떻게 하나요?

A 상속채무 정리 문제는 피상속인의 채권자 시각에서 사안을 바라보면 간단해집니다.

가령 A라는 사람이 B에게 빚이 있는 상태에서 사망하여 C와 D가 상속을 받는데, 재산이 하나도 없는 C가 상속채무를 승계하고 재산이 있는 D가 상속재산만을 승계한다는 상속재산분할협의를 했다고 해보겠습니다. 그럼 채권자 B는 A의 재산으로 채권을 회수할 수 있었는데, A가 사망하는 바람에 돈이 없는 C에게만 빚을 갚으라고 할 수밖에 없는 상황이 됩니다.

이렇게 상속채무가 상속재산분할의 대상이 되면 상속채권자에게 예측하지 못할 손해를 끼칠 수 있습니다. 그래서 상속채무는 상속재산분할의 대상이 될 수 없죠.

다음 두 개의 대법원 판례를 보시면 더욱 명확히 이 논리를 이해하실 수 있을 것입니다.

"금전채무와 같이 급부의 내용이 가분인 채무가 공동상속된 경우, 이는 상속 개시와 동시에 당연히 법정상속분에 따라 공동상속인에게 분할되어 귀속되는 것이므로, 상속재산 분할의 대상이 될 여지가 없다(대법원 1997. 6. 24. 선고 97다8809 판결)."

"상속재산 분할의 대상이 될 수 없는 상속채무에 관하여 공동상속인들 사이에 분할의 협의가 있는 경우라면 이러한 협의는 민법 제1013조에서 말하는 상속재산의 협의분할에 해당하는 것은 아니지만, 위 분할의 협의에 따라 공동상속인 중의 1인이 법정상속분을 초과하여 채무를 부담하기로 하는 약정은 면책적 채무인수의 실질을 가진다고 할 것이어서, 채권자에 대한 관계에서 위 약정에 의하여 다른 공동상속인이 법정상속분에 따른 채무의 일부 또는 전부를 면하기 위하여는 민법 제454조의 규정에 따른 채권자의 승낙을 필요로 하고, 여기에 상속재산 분할의 소급효를 규정하고 있는 민법 제1015조가 적용될 여지는 전혀 없다(대법원 1997. 6. 24. 선고 97다8809 판결)."

다만, 채권자의 동의가 있다면 재산을 많이 분배받는 사람이 채무를 더 많이 부담하는 형식의 분할은 가능합니다.

따라서 위 사안의 경우, 작은 누나 채무에 대해 전혀 책임을 지지 않겠다는 작은형의 주장은 채권자의 동의가 없다면 불가능합니다. 상속재산을 공동상속인들이 협의 또는 심판으로 분배한 뒤, 상속채무는 각자 법정상속분대로 책임을 지면 되겠습니다.

04.
상속재산의 법정과실

피상속인 사망 이후 꽤 오랜 시간이 흘러 공동상속인 사이에서 상속재산분할협의가 되거나 가정법원의 심판이 이루어지는 사례가 종종 있습니다. 상속재산분할의 내용이 결정되는 시점까지 상속재산에 큰 변동이 없으면 문젯거리가 될 것이 없지만, 그동안 상속재산에서 법정과실이 꾸준히 발생했다면 이 법정과실을 어떻게 나눌 것인지도 중요한 쟁점이 됩니다.

아버지 상가에서 나오는 월세도 나눌 수 있나요?

Q 아버지가 3년 전에 돌아가셨는데, 아버지가 요양병원에 계실 때부터 장남이 건물관리를 하면서 월세를 받았습니다. 저희는 장남이 월세를 받아 아버지 병원비와 생활비로 잘 쓰고 있는 줄로만 알고 있었는데, 나중에 알고 보니 월세 대부분을 빼돌리고 있었고, 아버지를 요양병원에 그냥 버려뒀었습니다. 그래서 아버지 돌아가신 후에 지금까지 형제들 사이가 정말 나쁩니다. 인근 부동산에 물어보니 아버지 명의 상가 시세는 약 40~45억 원 정도가 된다고 하고 월세는 한 달에 한 1,000만 원 정도 들어온다고 합니다. 아버지 돌아가시고 나서 월세를 전부 장남이 독차지하고 있는데 이 월세도 분배받을 수 있나요?

A 상속재산에서 월세나 저작권료 등의 부수적인 수입이 계속 발생하는 경우 이 부수적인 수입을 법정과실이라고 합니다. 상속개시 시점부터 발생한 이 법정과실을 어떻게 분배할 것인지도 상속재산분할 과정에서 중요한 쟁점입니다.

대법원은 "상속개시 후 상속재산분할이 완료되기 전까지

상속재산으로부터 발생하는 과실(이하 '상속재산 과실'이라 한다)은 상속개시 당시에는 존재하지 않았던 것이다. 상속재산분할심판에서 이러한 상속재산 과실을 고려하지 않은 채, 분할의 대상이 된 상속재산 중 특정 상속재산을 상속인 중 1인의 단독소유로 하고 그의 구체적 상속분과 특정 상속재산의 가액과의 차액을 현금으로 정산하는 방법(이른바 대상분할의 방법)으로 상속재산을 분할한 경우, 그 특정 상속재산을 분할받은 상속인은 민법 제1015조 본문에 따라 상속개시된 때에 소급하여 이를 단독소유한 것으로 보게 되지만, 상속재산 과실까지도 소급하여 상속인이 단독으로 차지하게 된다고 볼 수는 없다. 이러한 경우 상속재산 과실은 특별한 사정이 없는 한, 공동상속인들이 수증재산과 기여분 등을 참작하여 상속개시 당시를 기준으로 산정되는 '구체적 상속분'의 비율에 따라, 이를 취득한다고 보는 것이 타당하다(대법원 2018. 8. 30. 선고 2015다27132, 27149 판결)."라고 하였습니다.

상속재산분할은 피상속인 사망 당시 피상속인 명의로 남아 있는 재산을 나누는 과정이라는 점을 이해하시면, 위 대법원 판례의 결론을 바로 알 수 있습니다.

상속재산분할협의가 성립하거나 가정법원의 상속재산분할심판청구 결과가 확정되면, 상속재산분할의 효과는 상속개시 시점으로 소급합니다. 즉, 피상속인이 사망한 시점에 재산이 분배된 것과 같아진다는 뜻입니다.

만약 상속재산분할의 결론으로 장남이 상가 건물을 100% 단독 분배받고 다른 상속인들의 상속분만큼 돈으로 정산해준다고 했을 때, 장남은 상속개시시에 피상속인에게서 직접 상가 건물을 상속받은 것처럼 됩니다. 그럼 피상속인 사망 시점 이후 상가 건물에서 나오는 월세는 모두 장남 것이라는 결론도 불가능하지는 않습니다.

그런데 대법원이 바로 위 논리를 부정하였습니다. 왜냐하면, 상속재산에서 나온 법정과실은 피상속인 사망 당시 있었던 재산이 아니기 때문입니다. 이 법정과실은 피상속인 사망 이후에 발생한 재산이죠.

피상속인이 사망한 후 상속재산은 상속인들의 공유재산이므로, 이 재산에서 나온 수익 역시 상속인들의 공유재산입니다. 그렇다면 상속재산에서 나온 수익도 상속인들의 구체적 상속분 비율에 따라 나누어야 합니다. 다만, 이 법정과실은 '상속재산'이 아니므로 상속재산분할의 대상이 될 수 없는 것이 원칙입니다.

다만, 상속재산분할 이후에 상속재산에서 나온 수익을 분배하려고 하면 자칫 상속인들 사이에 2번 소송을 해야 할 수도 있습니다. 그래서 상속재산분할 절차 중에, 피상속인 사망 이후 현재까지 상가에서 나오는 월세 수입을 구체적 상속분에 따라 나누어 본 다음, 상속인들 사이에서 정산하기도 합니다. 만약 장남이 위 건물을 100% 단독소유하는 것으로 분할하고 다른 상속인들이 상속분만큼 대금 정산을 받는다고 했을 때 이 정산금에 월세를 가산하면 되겠죠.

※ 실제 관련 판례
1. 서울가정법원 20**느합*** 상속재산분할
 ...(중략)... 청구인은 피상속인 사망 이후 A 부동산에 관하여 매월 a원의 차임이 발생하고 있으므로, 이를 상속재산 분할대상에 포함시켜야 한다는 취지로 주장하나, 상속개시 후 상속재산에서 발생하는 과실은 상속개시 당시 존재하지 않았던 것이어서 이를 상속재산에 해당한다고 볼 수 없으므로(대법원 2007. 7. 26. 선고 2006다2757, 2764 판결 참조), 청구인의 위 주장은 이유 없다.

05.
장례비, 상속세 등 비용문제

상속재산 분배만큼이나 민감한 부분입니다. 장례식 조의금을 어떻게 분배할 것인지, 또는 공동상속인 중에 상속비용을 먼저 부담한 사람이 있을 때 다른 공동상속인에게 이 부분을 어떻게 정산받을 것인지, 상속인 중 일부가 상속세의 가산세를 부과를 막기 위해 상속세를 대신 납부했을 때 어떻게 정산할지 등의 문제는 상속재산분배협의 과정을 매우 어렵게 할 수 있습니다.

장례비용과 상속세를 부담한 건 어떻게 정산받나요?

Q 어머니가 돌아가신 후에 잘 찾아오지도 않았던 두 동생이 재산을 똑같이 나누자고 하고 있습니다. 두 동생 모두 경제적 문제로 가정을 잃고 힘들게 살고 있어서 상황은 이해하지만 그래도 어머니를 평생 모시고 산 큰형의 노고를 전혀 생각해 주지 않아 괘씸합니다. 어머니 장례식에 온 손님들도 거의 제 손님이었는데도 동생들은 조의금도 똑같이 나누자고 하고 있고, 상속세도 얼마 나오지 않았지만, 그것도 제가 다 부담했는데 동생들은 세금은 모르겠고 자꾸 자기 몫만 달라고 하고 있습니다. 이럴 때는 어떻게 재산을 나누어야 하나요? 생각 같아서는 동생들에게 한 푼도 주고 싶지 않습니다.

A 민법은 상속비용은 상속재산에서 지급하는 것으로 규정하고 있습니다.

> 제998조의2(상속비용) 상속에 관한 비용은 상속재산 중에서 지급한다.

그래서 공동상속인 중에서 본인의 재산을 투입해 상속비용을 충당한 사람이 있다면 상속재산에서 먼저 받으면 됩니다. 실무상 이 공동상속인의 구체적 상속분에 상속비용 부담액을 더하는 방식으로 해결할 수 있습니다.

장례비용에는 장례식장 비용에다 삼우제 비용도 포함할 수 있고 집안에 따라서는 사십구재 비용이나 납골당, 매장을 위한 봉분 조성 비용도 포함할 수도 있습니다.

대법원 역시 "<u>상속에 관한 비용은 상속재산 중에서 지급하는 것</u>이고, 상속에 관한 비용이라 함은 상속재산의 관리 및 청산에 필요한 비용을 의미한다고 할 것인바, <u>장례비용은 피상속인이나 상속인의 사회적 지위와 그 지역의 풍속 등에 비추어 합리적인 금액 범위 내라면 이를 상속비용으로 보는 것이 옳고</u>, 묘지구입비는 장례비용의 일부라고 볼 것이며, 상속재산의 관리·보존을 위한 소송비용도 상속에 관한 비용에 포함된다(대법원 1997. 4. 25. 선고 97다3996 판결)."라고 하였습니다.

그런데 피상속인의 장례식에서 조문객들로부터 받은 조의금이 장례비용보다 많았다면 장례비용을 초과하는 조의금을 어떻게 분배할 것인지가 문제입니다.

이를 엄밀하게 따지자고 한다면 복잡해지는데요, 우선 장례비용보다 조의금이 적었다면, 조의금을 초과하는 장례비용은 공동상속인들이 법정상속분대로 부담하는 것이 맞습니다.

반면에 장례비용보다 조의금이 많았다면 먼저 조의금을 분류해봐야 합니다. 가령 피상속인에게 유족으로 아들과 딸이 있을 때, 아들을 보고 장례식장에 온 조문객과 딸을 보고 장례식장에 온 조문객의 조의금을 나눈 후에 그 비율만큼 장례비용을 충당하고, 남는 금액은 각자 취득하면 됩니다. 만약 아들을 보고 온 조문객인지 딸을 보고 온 조문객인지 명확히 할 수 없을 때는 절반씩 취득하는 것으로 처리하면 되겠죠.

반면에 상속세와 상속재산을 취득하기 위한 취·등록세는 상속비용으로 처리되지 않습니다. 상속세와 취·등록세는 상속인들의 고유채무이기 때문입니다.

그래서 상속재산분할 과정에서 공동상속인들 사이에 상속세 및 취·등록세 정산 부분을 같이 처리를 하는 데에 동의가 이루어지지 않았다면, 다른 공동상속인들을 위해 상속세 및 취·등록세를 납부한 공동상속인은 다른 공동상속인에게 별도로 민사적으로 구상(求償, 비용상환을 구한다는 뜻입니다)청구를 하여야 합니다.

※ 실제 관련 판례

Ⅰ. 법무법인 세웅 성공 사례

1. 서울가정법원 2018느합*** 상속재산분할

상대방은, 이 사건 상속개시 후 상대방이 별지 목록 2항 기재 건물의 임차인에게 반환한 임차보증금 a원과 상대방이 지출한 위 건물에 관한 관리비, 재산세, 핸드폰요금 등 합계 b원이 공동상속인들 사이에서 정산되어야 한다는 취지로 주장하나, 청구인들도 상속개시 후 자신들에게 부과된 위 건물에 관한 재산세 등을 납부한 것으로 보이는 점, 상대방이 위 건물에 관하여 지출한 공사비 등이 위 건물의 유지·보전에 객관적으로 필요한 것임을 알 수 있는 자료가 전혀 없는 점, 그 밖에 상대방이 지출한 임차보증금 내지 관리비 등에 관하여 이 사건 상속재산분할절차를 통하여 각자의 상속분을 확정지은 후, 상속인들 사이에 임의정산을 하거나 별도의 구상권 행사 절차를 통하여 정산함이 보다 적합한 점 등에 비추어 상대방의 위 주장을 받아들이지 아니한다.

II. 기타 관련 판례

1. 서울가정법원 20**느합**

 ...(중략)... 조리에 비추어 볼 때, 특별한 사정이 없는 한 <u>장례비용은 민법 제1000조 및 제1003조에 규정된 상속의 수위에 의하여 가장 선순위에 놓인 자들이 각 법정상속분의 비율에 따라 부담함이 원칙이라 할 것이고, 이러한 원칙은 특정 상속인이 상속을 포기하였다고 하더라도 동일하게 적용됨이 마땅하다.</u> 예를 들어, 1순위 상속인들이 상속을 포기하였다고 하더라도 그들의 장례비용 부담의무는 면해지지 않는다. 비록 장례비용은 상속비용의 일부로 취급되어 상속재산분할절차에서 고려되나(대법원 1997. 4. 25. 선고 97다3996 판결 참조), 장례비용의 부담은 상속에서 근거를 두는 것이 아니라, 망인과의 친족관계에서 비롯된 것으로 파악함이 옳을 것이므로, 위 법리는 장례비용을 부담하는 자와 상속인이 일치하는 경우 상속재산분할절차에서 장례비용을 고려할 수 있다는 의미로 이해함이 상당하다.

 한편, <u>부의금이란 장례비에 먼저 충당될 것을 조건으로 한 금전의 증여로 이해함이 상당</u>할 것이므로, 접수된 부의금 금액이 상속인 또는 상속인이 아닌 가족(편의상 이들을 '부의금 피교부자'라고 한다)별로 다르더라도 동 금원은 모두 장례비로 먼저 충당되어야 하며, 이 점은 부의금 피교부자가 후순위상속인이거나 상속자격이 없는 경우라 하더라도 마찬가지이다. 이러한 점은 생존해 있는 자들과는 별도로 오로지 망인과 관련하여 접수된 부의금도 역시 마찬가지인데, 이러한 부의금은 위에서 본 원칙에 따라 장례비용을 부담할 자들에게 그들이 상속받을 경우 적용될 법정상속분의 비율에 따라 증여된 것으로 봄이 상당하다.

그런데, 만일 부의금의 총 합계액이 장례비를 상회한다면 부의금 피교부자별로 접수된 금액의 비율대로 각 금액에서 충당하고, 나머지 금액은 각 부의금 피교부자별로 귀속되게 함이 옳다. 이 경우 각 부의금 피교부자별 금액이 확정되지 않는다면, 각 부의금 피교부자의 지위에 상관없이 나머지 금액을 평등하게 분배함이 옳다.

한편, 부의금의 총 합계액이 장례비에 미치지 못한다면 접수된 부의금은 모두 장례비에 충당되고, 나머지 장례비용은 위에서 본 원칙에 따라 장례비용을 부담하여야 할 자들이, 그들이 상속을 받을 경우 적용되었을 법정상속분에 따라 부담함이 옳다.

2. 서울가정법원 20**느합** 상속재산분할

...(중략)... 상속재산의 수리비는 물론이고, 상속재산인 아파트를 사용하지 않으면서 그 유지를 위하여 지출한 아파트관리비도 상속비용에 해당한다고 봄이 상당한바, ...(중략)... 상대방 ○○○이 상속개시 후에 A 부동산의 수리비로 a원을 지출하였고, 위 부동산을 사용하지 않으면서도 아파트 관리비 합계 b원을 지출한 사실이 인정된다.

...(중략)... 상대방 ○○○이 A 부동산에 관하여 상속등기를 마치면서 청구인 및 상대방들에게 부과된 취득세 및 등록세, 위 부동산에 관하여 피상속인에게 부과된 재산세, 위 부동산에 관하여 청구인 및 상대방들에게 부과된 재산세를 모두 납부한 사실은 인정할 수 있다. 그러나 <u>상속 부동산에 관한 상속개시 전의 재산세는 상속채무이므로 이를 상대방 ○○○이 부담하였다고 하더라도 상속비용으로 고려할 수는 없고</u>(뒤에서 보는 바와 같이 상대방 ○○○의 기여분 인정 사유로 고려한다), 상속 부동산에 관하여 상속등기를 마치면서 부과된 취득세 및 등록세와 이에 대한 상속개시 후의 재산세는 상속인들의 고유채무에 해당할 뿐 상속비용에 해당하지 않으므로, 위 지출항목은 모두 상속비용에 해당하지 않는다.

...(중략)... 그렇다면 상대방 ○○○이 A 부동산의 수리비 및 아파트관리비로 지출한 c원(=a원 + b원)이 상속비용으로 되고, 위 <u>상속비용은 이를 공제하여 간주상속재산으로 산정한 뒤 지출자의 구체적 상속분 산정시에 이를 가산하는 방식으로 상속재산분할에 고려하기로 한다.</u>

3. 서울가정법원 20**느합*** 상속재산분할

청구인들은 청구인들 및 상대방들에게 부과된 상속세 중 ...(중략)... 각 납부하였으므로, 위 각 납부금액은 이 사건 분할심판의 대상이 되는 상속재산에서 공제 및 정산되어야 한다고 주장하나, 청구인들 주장과 같이 상속세가 납부되었다고 하더라도 상속세 및 증여세법 제3조 제1항 및 제3항에 의하면 상속인은 상속재산 중 각자가 받았거나 받을 재산을 한도로 연대하여 상속세를 납부할 의무가 있다고 규정하고 있는바, 상속인들 중 일부가 그 고유 재산으로 상속세 중 일부를 납부하고 다른 상속인들에 대하여 그 분담을 구하는 등 각자의 분담범위 등에 관한 다툼이 있는 경우 <u>상속재산분할절차를 통하여 각자의 상속분을 확정지은 후 민사소송에서 상속세에 관한 정산을 거침이 보다 적합하다고 할 것</u>이므로, 고유 재산으로 이미 납부된 상속세를 상속재산분할과정에서 정산하여 달라는 취지의 청구인들의 위 주장은 받아들이지 아니 한다.

4. 서울가정법원 20**느합***** 상속재산분할

...(중략)... 살피건대, 상속부동산에 대한 취득세 등 비용은 상속재산에 포함되었던 개별 권리의 이전 등에 필요한 비용으로 상속재산의 관리비용에 해당하지 아니하고, 그 권리를 취득하는 상속인이 부담하여야 할 것이므로, 이를 이 사건 상속재산분할심판에서 고려할 것은 아니고, 청구인의 이 부분 주장은 이유 없다.

..(중략).. 상속에 관한 비용은 상속재산 중에서 지급하는 것이고 (민법 제998조의2), 상속에 관한 비용이라 함은 상속재산의 관리 및 청산에 필요한 비용을 의미하는바, 장례비용도 피상속인이나 상속인의 사회적 지위와 그 지역의 풍속 등에 비추어 합리적인 금

액의 범위 내라면 이를 상속비용으로 보아야 하고(대법원 2003. 11. 14. 선고 2003다30968 판결 참조), 사회통념이나 풍속 등에 비추어 합리적인 범위 내의 묘지사용료, 묘지관리비, 매장비, 비석 및 상석 설치비용 등은 장례비용에 해당한다고 보아야 한다. 상대방 ○○○, ●●●이 장례비용으로 a원을 지출한 사실은 인정되나, <u>통상적으로 장례를 치를 때 어느 정도의 부의금이 들어오기 마련이고, 부의금은 장례비용에 우선적으로 충당되는 것인데,</u> 상대방 ○○○, ●●●은 장례 당시 들어온 부의금에 관하여 어떠한 자료도 제출하고 있지 않고, 상대방 ○○○, ●●● 중 누가 장례비용을 지출한 것인지도 명확하지 않으므로, 위 인정사실만으로 상대방 ○○○, ●●●이 그 고유재산으로 부의금을 초과하여 장례비용을 지출하였다고 보기는 어렵고 달리 이를 인정할 증거가 없어 상대방 ○○○, ●●●의 이 부분 주장은 이유 없다.

III. 공동상속과 상속분

01. 공동상속

02. 법정상속분

03. 구체적 상속분

04. 특별수익

05. 기여분

06. 상속분의 양도와 양수

01.
공동상속

민법 제1006조는 '상속인이 수인인 때에는 상속재산은 그 공유로 한다'라고 규정하고 있습니다. 그래서 피상속인이 사망하면 피상속인이 남긴 재산은 공동상속인들이 공동소유합니다. 재산이 여전히 피상속인 명의로 남아 있다고 하더라도 법률적으로는 공동상속인 전원의 공동재산이라는 뜻입니다. 그리고 피상속인의 빚은 곧바로 공동상속인들이 법정상속분에 따라 부담합니다.

재산을 나누자고 약속은 했는데 말만 오간 거라서 불안합니다. 효력이 있을까요?

Q 아버지가 돌아가시고 나서 형제들이 재산 문제를 논의하려고 오랜만에 모였습니다. 오빠는 아주 오래전에 어머니한테서 재산 받은 것이 있어서 아버지 재산은 받지 않아도 된다고 생각했죠. 그래서 저와 동생은 오빠한테 아버지 재산에서 오빠는 20%만 가져가고 나머지는 저와 동생이 나누어 가지는 게 어떻냐고 하였습니다. 그 자리에서 오빠는 즉답을 피하다가 계속 우리가 요구하자 '어어, 일단 알았어'라고 대답은 했습니다. 제가 몰래 대화를 녹음하기는 했는데, 나중에 올케언니가 아버지 재산 똑같이 나누자고 하였습니다. 저와 제 동생은 이미 오빠와 얘기가 다 됐는데 무슨 소리냐고 했는데 올케언니는 합의한 적 없다면서 계속 발뺌합니다. 오빠는 연락을 잘 받지도 않고요. 그러다 석 달 정도 지나서 법원에서 날아온 등기를 받았습니다. 오빠가 저희를 상대로 재산을 나누자는 상속소송을 한 것이었습니다. 이미 재산 나누자고 약속이 다 됐는데 오빠가 이 소송 해도 되나요?

A. 이 사안에서는 상속인들 사이에서 과연 상속재산분할협의가 있었는지가 쟁점입니다. 사실 이 문제는 상속에 국한되는 것이 아니라 계약의 일반원칙과 연결되어 있습니다.

상속재산은 공동상속인들이 협의하여 분할하는 것이 원칙입니다. 그리고 상속재산분할에 관하여 협의가 성립하지 않으면 가정법원에 상속재산분할심판청구를 할 수 있습니다.

> **제1013조**(협의에 의한 분할) ① 전조의 경우외에는 공동상속인은 언제든지 그 협의에 의하여 상속재산을 분할할 수 있다.
> ② 제269조의 규정은 전항의 상속재산의 분할에 준용한다.

대법원은 "상속재산 분할협의는 공동상속인 사이에 이루어지는 일종의 계약으로서, 상속이 개시되어 공동상속인 사이에 잠정적 공유가 된 상속재산에 대해서 그 전부 또는 일부를 각 상속인의 단독소유로 하거나 새로운 공유관계로 이행시킴으로써 상속재산의 귀속을 확정시키는 것이다(대법원 2021. 8. 19. 선고 2017다230338 판결)."라고 하였습니다.

상속인들의 상속재산분할협의 역시 공동상속인들 사이의 계약이므로, 이러한 분할협의가 성립했다고 보려면 계약의 일반 법리에 따라 계약의 본질적인 사항이나 중요한 사항에 관한 구체적인 의사의 합치가 있어야 합니다.

대법원은 "계약이 성립하기 위하여는 당사자 사이에 의사의 합치가 있을 것이 요구되고 이러한 의사의 합치는 당해 계약의 내용을 이루는 모든 사항에 관하여 있어야 하는 것은 아니나 그 본질적 사항이나 중요 사항에 관하여는 구체적으로 의사의 합치가 있거나 적어도 장래 구체적으로 특정할 수 있는 기준과 방법 등에 관한 합의는 있어야 한다(대법원 2001. 3. 23. 선고 2000다51650 판결)."라고 하였죠.

그렇다면, 위 사안에서 두 동생의 요구에 오빠가 '어어, 일단 알았어'라고 대답한 것으로 과연 상속재산분할협의라는 계약이 성립했는지를 판단해야 합니다.

만약 가정법원이 상속인들 사이에 분할협의가 있었다고 판단한다면 오빠의 상속재산분할심판청구를 부적법 각하하겠으나, 분할협의가 없었다면 법이 정한 방법에 따라 상속재산을 나누어야 합니다.

사안의 내용만으로는 분명하지 않은데, 오빠의 '어어, 일단 알았어'라는 대답이 단순히 수동적인 대답이나 맞장구 이상의 의미를 넘어 상속재산분할에 관한 의사표시라고 할 수 있을지는 의문입니다.

계약법의 일반 원칙상 구두 계약도 엄연한 계약입니다. 그런데 이 사안에서는 이러한 구두 계약이 있는지 자체가 문제죠. 위 사안에서 오빠의 '어, 일단 알았어'라는 대답 이외에 오빠의 다른 대답이 없었다면, 법원은 '구두 계약이 있었다고 볼 수 없다'라고 판단할 가능성이 큽니다.

그래서 다른 계약도 마찬가지이지만, 상속재산분할협의에서도 상속인들 사이의 합의 내용은 꼭 문서로 남겨 두는 것이 중요합니다.

※ 실제 관련 판례
I. 법무법인 세웅 성공 사례
1. 수원가정법원 2018느합*** 상속재산분할
이 사건 선행소송의 화해권고결정 당시 청구인을 제외한 나머지 공동상속인들인 상대방들 사이에서 유류분반환과 관련하여 화해권고결정이 내려졌고, 결정사항이 유류분반환으로 명백히 한정되어 있었던 점(위 화해권고결정의 결정사항에 별도로 상속재산분할에 대한 언급이 없을 뿐만 아니라 상속재산분할이 이루어졌음을 전제로 추후에 상속재산분할 심판을 제기하지 못하도록 하는 부제소 합의도 기재되어 있지 않다), 상대방들 사이에 위 화해권고 결정의 결정사항의 기재를 토대로 이 사건 상속재산을 법정상속분대로 분할하는 것에 대하여 협의가 있었음을 별론으로 하고, 청구인과 사이에서 청구인이 상대방 A, B의 특별수익을 고려하지 아니한 채 이 사건 상속재산을 법정상속분대로 분할하기로 하는 협의가 있었다고 볼만한 뚜렷한 증거가 없는 점, 이 사건 상속재산분할심판청구서가 상대방들에게 송달된 이후 이 사건 선행소송에 대한 소취하 합의가 이루어졌음에도 이 사건 상속재산분할심판청구의 소취하에 대한 명시적 합의가 이루어지지 않은 점 등을 고려하면, 청구인을 포함한 공동상속인 전원이 이 사건 상속재산을 법정상속분대로 분할하기로 하는 상속 재산분할협의를 하였다고 인정하기 어렵고, 달리 이를 인정할 증거가 없다.

2. 서울가정법원 2019느합**** 상속재산분할

상대방들 측 A가 201×. 00. 00. 청구인들에게 상속세 신고와 납부 후 상속인 각자 통장으로 돈을 보낼 테니 계좌번호를 알려달라는 메시지를 보냈고, 청구인 B가 대표로 A에게 청구인들의 각 계좌번호를 보낸 사실, A는 201×. 00. 00.경 각 청구인들에게 각 상속인이 납부할 상속세를 공제한 a원을 각각 입금한 사실은 인정된다.

그러나 A는 상속인이 아니고, 청구인 B가 A에게 돈을 일방적으로 계산하여 입금한 사실에 대해 항의한 점 등에 비추어 보면, 앞서 인정한 사실만으로 상속인들 사이에 분할협의가 있었다는 사실을 인정하기 어렵고, 달리 이를 인정할 증거가 없다.

3. 대전가정법원 2020느합**** 상속재산분할

이 사건 합의는 이 사건 제1 부동산을 청구인이 단독으로 소유하는 대가로 상대방들이 이 사건 제2 부동산을 각 1/2 지분씩 소유하는 것으로 정하고 있을 뿐인데, 상대방들의 주장과 같이 이 사건 제2 부동산을 상대방 A의 단독 소유로 하고, 이 사건 제3 부동산을 상대방 B의 단독소유로 하는 데에 청구인이 동의하였다고 볼 만한 아무런 증거가 없다(상대방들은 이 사건 합의 당시 피상속인의 심기를 고려하여 이 사건 제3 부동산에 관한 언급을 하지 않고, 이 사건 제2 부동산을 상대방들이 각1/2 지분씩 소유하는 것으로 기재하였을 뿐 실제로는 상대방들 주장의 합의가 존재하였다는 취지로 주장하나, 청구인과 상대방들이 이 사건 합의서에 명시적으로 기재된 문언과 달리 상대방들 주장과 같은 합의를 하였다고 볼 만한 증거가 없다).

설령 청구인과 상대방들 사이에 상대방들 주장과 같은 합의가 존재한다고 하더라도, 그와 같은 합의는 <u>피상속인이 사망하기 이전에 이루어진 것으로서 피상속인의 공동상속인들 사이의 상속재산</u>

분할협의로서 효력이 인정된다고 볼 수도 없다.

따라서 상대방들 주장의 합의가 존재한다거나 그것이 유효하여 청구인이 이 사건 제2, 3 부동산에 관한 상속권을 주장하는 것이 신의칙에 반한다고 볼 수는 없다. 상대방들의 위 주장은 받아들이지 않는다.

4. 대전가정법원 천안지원 2021느합** 상속재산분할**

① 상대방 A가 202×. 00. 00. 자신과 청구인, 상대방 B가 모인 가운데에서 청구인에게 '오빠가 그런 마음을 C한테 주고 싶다는 그 마음을 가졌다는 거에 대해서 너무 고마워'라는 말을 건넨 사실, ② 같은 자리에서 상대방 B가 '두 평, 7㎡은 전부 오빠 걸로 다 해'라고 말하고 이에 청구인이 '어어어'라고 답변한 사실, ③ 상대방 A는 B에게 피상속인의 예금에 대하여 알려주는 서비스를 신청하여 놓은 상태임을 말하고, 이를 듣고 있던 청구인에게 '연락이 오면 내가 오빠에게 상세히 얘기할 줄게', '어차피 돈을 받든 안 받든 간에 우리는 모두 서로가 다 알아야 되는 문제니까 오빠', '이제 그 통장에 돈이 얼마 있고, 뭐 이런 거는 내가 그걸 출력을 다 해서 오빠한테 보내줄게'라는 등의 대화를 한 사실이 인정되기는 한다.

그러나 위 증거와 심문 전체의 취지를 종합하여 인정되는 다음과 같은 사실 또는 이로써 알 수 있는 사정들, 즉 ㉮ 청구인은 상대방 A, B와 대화를 하면서 상속재산분할에 관하여 적극적으로 자신의 의사를 표시한 것이 아니라 거의 대부분 수동적으로 듣고 있으면서 이따금 단순한 답변을 하였던 것에 불과한 점, ㉯ 상대방들은 청구인의 위와 같은 수동적 태도나 단순한 답변을 승낙의 의사표시로 해석·주장하고 있으나, 대화 전체의 내용이나 답변 취지를 종합하여 볼 때 청구인의 위 태도 및 답변을 '긍정적 검토 의사의 피력'이나 '대화를 계속 이어가기 위한 맞장구' 수준을 넘어 어떠한 재산 처분에 관한 구체적인 의사표시로까지 해석하기는 곤란해 보이는 점, ㉰ 상대방들이 상속재산분할협의가 성립한 날로 주장하는 202×. 00. 00. 대화에는 위 분할협의로 대부분의 상속재산을 취득하게 되는 상대방 C는 참여하지도 않은 점, ㉱ 청구인과 상대방 A, B 모두 상속재산인 이 사건 각 예금채권의 규모나 구체적인 내역을 알지 못하였고 이 사건 대출금채무, 이 사건 보증금채무 등에 대하여도 아무런 협의를 하지 않은 것으로 보이는 점, ㉲ 위 202×. 00. 00. 이후 상속재산을 협의대로 분할하여 취득하기 위한 어떠한 구체적인 행위도 진행되지 아니한 점 등에 비추어 보면, 위 2)항의 인정사실만으로는 청구인이 상대방 A, B의 제안에 관하여 확정적인 의사표시를 함으로써 상속재산분할에 관하여 공동상속인들 사이에 구체적인 의사의 합치가 이루어졌다고 인정하기 어렵다.

그밖에 상대방들의 주장사실을 인정할 만한 자료가 없으므로 결국 상대방들의 위 주장은 받아들일 수 없고, 청구인의 주장과 같이 법정상속분에 근거한 상속재산분할이 이루어져야 한다.

02.
법정상속분

상속법에서 말하는 '상속분'은 ① 각 공동상속인이 상속재산의 총액에 대하여 취득하게 될 비율, ② 공동상속인이 취득할 상속재산의 가액 그리고 ③ 상속재산 전체에 대하여 각 공동상속인이 가지는 포괄적 권리 내지는 법률 지위 등 여러 의미가 있습니다. 이처럼 '상속분'이란 법률개념에 여러 뜻이 있으나, 그보다 중요한 점은, 상속재산이 법정상속분대로 자동 분배되거나 반드시 법정상속분대로 분배되어야 한다는 뜻은 아니라는 점입니다.

이복형제들과 재산을
어떤 비율로 나누어야 하나요?

Q. 25년 전에 어머니가 돌아가시고 나서 아버지는 새어머니와 재혼하셨고 작년에 폐암으로 소천하셨습니다. 아버지와 어머니 사이에는 저와 남동생 둘이 있고, 새어머니와 사이에서 자식이 또 둘이 있습니다. 아버지가 남긴 재산은 많지는 않은데 재산을 어떻게 나누어야 하는지가 궁금합니다.

A. 나중에 다시 설명해 드리겠지만, 상속재산을 나눌 때는 공동상속인들 전원의 합의가 가장 우선합니다. 그래서 법이 정하는 기준과는 전혀 다르게 협의할 수 있습니다. 우리나라 상속법이 정한 법정상속분, 구체적 상속분 등의 개념은, 상속인들 사이의 협의가 불가능하거나 곤란할 때 재산을 나누는 기준을 설정하는 데 필요합니다.

모든 상속인이 법의 규정에 따라 재산을 나누자고 합의했고, 공동상속인 중에 기여분을 주장할 사람이나 특별수익이 있는 사람이 없을 때는, 법정상속분대로 상속재산을 나누면 됩니다.

> **제1009조**(법정상속분) ①동순위의 상속인이 수인인 때에는 그 상속분은 균분으로 한다.
> ② 피상속인의 배우자의 상속분은 직계비속과 공동으로 상속하는 때에는 직계비속의 상속분의 5할을 가산하고, 직계존속과 공동으로 상속하는 때에는 직계존속의 상속분의 5할을 가산한다.
> **제1010조**(대습상속분) ①제1001조의 규정에 의하여 사망 또는 결격된 자에 갈음하여 상속인이 된 자의 상속분은 사망 또는 결격된 자의 상속분에 의한다.
> ② 전항의 경우에 사망 또는 결격된 자의 직계비속이 수인인 때에는 그 상속분은 사망 또는 결격된 자의 상속분의 한도에서 제1009조의 규정에 의하여 이를 정한다. 제1003조 제2항의 경우에도 또한 같다.

위와 같이 같은 순위의 상속인이 여러 명이 있을 때는 상속분은 균등하고, 배우자가 1순위자 또는 2순위자와 공동상속을 할 때는 다른 상속인보다 상속분 50%를 더 받습니다.

간혹 배우자가 재산의 50%를 먼저 분배받고 나머지를 자녀들이 분배를 받는 것으로 오해를 하는 분들이 계시는데, 과거에 배우자에게 상속재산의 50%를 먼저 분배하는 내용의 민법 개정안이 존재한 적이 있었고 이 내용이 언론에 보도되어 오해가 생긴 듯합니다. 물론 이렇게 재산을 나누는 데에 상속인들 사이의 협의가 있으면 배우자가 50%를 분배받을 수 있습니다.

위 사안으로 돌아가 보면, 피상속인에게는 전처소생 3명, 후처인 배우자, 후처소생 2명이 있습니다. 그래서 공동상속인은 ① 1순위 상속인인 직계비속 5명과 ② 직계비속과 공동상속인이 되는 배우자 이렇게 해서 모두 6명입니다. 이 공동상속인 6명의 법정상속분을 계산하면 다음과 같습니다.

배우자 : 자녀1 : 자녀2 : 자녀3 : 자녀4 : 자녀5
= 1.5 : 1 : 1 : 1 : 1 : 1 = 3/13 : 2/13 : 2/13 : 2/13 : 2/13 : 2/13

그래서 공동상속인 중에 기여분이 있는 사람이나 특별수익이 있는 사람이 모두 없다면 위 비율을 기준으로 상속재산 분배협의를 하면 됩니다.

03.
구체적 상속분

'법대로' 상속재산을 나눌 때 가장 핵심적인 요소가 바로 '구체적 상속분'이라는 개념입니다. 법정상속분이 각 공동상속인의 추상적인 권리 개념이었다면, 이 구체적 상속분은 실제 상속재산의 분배비율을 일컫는 말이죠.

구체적 상속분은 각 공동상속인의 특별수익과 기여분을 고려하여 결정합니다. 그래서 피상속인의 상속재산이 법정상속분으로 분배되는 상황은, ① 법정상속분대로 상속재산을 나누기로 하는 공동상속인 전원의 합의가 있거나, ② 공동상속인 중에 특별수익을 한 사람이 없거나(여러 공동상속인의 특별수익이 같을 때도 마찬가지), 기여분이 인정되는 사람이 없을 때입니다.

다음 장부터 법정상속분을 조정하는 두 가지 요소인 공동상속인의 특별수익과 기여분을 설명하겠습니다.

04.
특별수익

'특별수익'은 피상속인으로부터 생전에 증여받은 재산 또는 유증받은 재산 중에서 상속분을 미리 받은 것과 같은 의미가 있는 재산을 말합니다.

공동상속인 중에 특별수익이 있는 사람이 있을 때, 그 특별수익의 액수가 여전히 법정상속분보다 적을 때에는 그 차액을 한도로만 상속분이 있고, 특별수익이 법정상속분과 같거나 초과할 때에는 상속재산에 대한 권리가 없습니다.

이처럼 공동상속인의 특별수익은 상속인들의 구체적 상속분을 결정하는 요소 중 하나입니다.

동생이 받은 학비와 생활비도
재산 나눌 때 더하나요?

Q. 딸 넷을 낳은 후에 얻은 아들에 대한 아버지의 사랑은 남달랐습니다. 위로 딸 넷이 학창시절에 공부를 곧잘 했지만, 아버지는 딸들이 결혼하지 않고 대학원에 진학하는 것을 완강히 반대하셨습니다. 그래서 셋째 딸은 자기가 돈을 벌어 대학원에 겨우 갈 수 있었습니다. 하지만 유일한 아들은 달랐습니다. 아버지는 아들이 원하는 대로 대학원 학비와 생활비도 전부 지원해주셨고, 동생이 취업하고 결혼을 한 이후에도 이따금 생활비 조로 용돈을 계속 주셨습니다. 아버지가 돌아가신 후에 재산을 나누려고 하는데 동생이 똑같이 '1/n'으로 나누자고 해서, 둘째 딸이 그동안 아들이 더 받은 학비와 생활비를 계산하자고 했다가 형제들 사이에 큰 싸움이 일어났습니다. 이 일을 어떻게 해결해야 할까요?

A. 10억 원의 재산을 가진 어머니에게 두 딸이 있다고 해보겠습니다. 법정상속분은 균분이니 어머니가 돌아가신 후에 두 딸은 각자 5억 원씩 분배받으면 됩니다.

그런데 어머니가 장녀에게 미리 3억 원을 먼저 증여했다고 해보겠습니다. 그럼 남은 재산은 7억 원이고, 이 7억 원을 나누는 방법은 두 가지로 생각해 볼 수 있습니다.

1안 : 남은 7억 원을 법정상속분대로 3.5억 원씩 나누는 방법
→ 이 방법에 따르면 장녀의 최종적인 상속이익은 특별수익 3억 원에 상속재산분배액 3.5억 원을 더한 6.5억 원이 되고, 차녀는 3.5억 원을 분배받습니다. 이때의 구체적 상속분 비율은 1:1.

2안 : 장녀는 2억 원, 차녀는 5억 원을 분배받는 방법
→ 이 방법에 따르면 장녀의 최종적인 상속이익은 특별수익 3억 원에 상속재산분배액 2억 원을 더한 5억 원이 되고, 차녀는 역시 5억 원을 분배받습니다. 이때의 구체적 상속분 비율은 2:5.

위 두 가지 방법 중에서 우리나라 상속법은 두 번째 방법을 택하고 있습니다. 먼저 민법의 규정을 보시죠.

> 제1008조(특별수익자의 상속분) 공동상속인 중에 피상속인으로부터 재산의 증여 또는 유증을 받은 자가 있는 경우에 그 수증재산이 자기의 상속분에 달하지 못한 때에는 그 부족한 부분의 한도에서 상속분이 있다.

위 예에서 법정상속분은 5억 원인데 이미 3억 원을 받아 갔으므로, 장녀의 상속분은 그 차액인 2억 원을 한도로 합니다.

만약 위 사안에서 장녀가 특별수익으로 6억 원을 가져갔다면, 법정상속분 5억 원보다 특별수익이 많으므로 장녀의 구체적 상속분은 '0'원이 되고, 남은 재산 4억 원은 모두 차녀가 취득합니다.

이렇게 공동상속인 중에 특별수익자가 있을 때는 그 사람의 특별수익액을 고려하여 상속재산에 대한 분배비율을 다시 정합니다. 이것이 특별수익을 고려한 구체적 상속분의 개념입니다.

그렇다면 이 '특별수익'이 어떤 재산을 의미하는지의 문제가 남습니다. 이에 관하여 대법원의 판례를 보시죠.

대법원은 "민법 제1008조는 공동상속인 중에 피상속인으로부터 재산의 증여 또는 유증을 받은 자가 있는 경우에 그 수증재산이 자기의 상속분에 달하지 못한 때에는 그 부족한 부분의 한도에서 상속분이 있다고 규정하고 있는바, 이는 공동상속인 중에 피상속인으로부터 재산의 증여 또는 유증을 받은 특별 수익자가 있는 경우에 공동상속인들 사이의 공평을 기하기 위하여 그 수증재산을 상속분의 선급으로 다루어 구체적인 상속분을 산정함에 있어 이를 참작하도록 하려는 데 그 취지가 있는 것이므로, 어떠한 생전 증여가 특별수익에 해당하는지는 피상속인의 생전의 자산, 수입, 생활수준, 가정상황 등을 참작하고 공동상속인들 사이의 형평을 고려하여 당해 생전 증여가 장차 상속인으로 될 자에게 돌아갈 상속재산 중의 그의 몫의 일부를 미리 주는 것이라고 볼 수 있는지에 의하여 결정하여야 할 것이다(대법원 2011. 07. 28. 선고 2009다64635 판결)."라고 하였습니다.

그래서 피상속인으로부터 재산을 받았다고 그 재산이 모두 구체적 상속분에 영향을 미치는 특별수익이 되는 것이 아닙니다. 그 공동상속인이 증여받은 재산의 액수, 피상속인의 재산 규모, 재산 증여 경위 등을 종합적으로 고려하여야 하죠.

위 사안에서 막냇동생이 받은 학비와 생활비는 특별수익으로 고려되지 않을 수 있습니다. 막냇동생이 외국으로 유학가서 대학원 학비와 체류비가 수억 원이 넘었다면 특별수익이 될 가능성이 커지겠지만, 피상속인이 여러 자녀 중 일부에게 학비를 더 지원해주었다는 사실만으로 상속재산을 미리 받았다고 할 수 있을지는 의문입니다.

이 대법원의 판례는 유류분반환청구소송에서도 그대로 적용됩니다. 상속재산분할이나 유류분반환에서 말하는 특별수익은 모두 상속분을 미리 받았다고 볼 수 있는 증여 또는 유증을 의미하고, <u>그 특별수익의 가치는 상속개시시점 즉, 피상속인의 사망시점을 기준으로 산정</u>합니다.

※ 실제 관련 판례

♣ 피상속인으로부터의 증여를 특별수익이라고 긍정한 사례

1. 서울가정법원 20**느합***** 상속재산분할

　피상속인 ○○○이 200×. 00. 00. 청구인에게 a원을 송금하여 준 사실이 인정되므로, 청구인은 위 금액 상당을 특별수익하였다고 봄이 상당하다.

　이에 대해 청구인은, 위와 같이 피상속인 망 ○○○으로부터 위 금액 상당을 송금받은 사실이 있으나, 이는 청구인이 피상속인 망 ●●●에 대한 간병 등으로 지출한 금액 등에 대한 보상이었을 뿐 특별수익이라고 볼 수 없다고 주장하나, 이를 인정할 아무런 증거가 없으므로 청구인의 위 주장은 이유 없다.

2. 서울가정법원 20**느합***** 상속재산분할

 피상속인이 ...(중략)... 합계 a원을 청구인에게 송금해 준 사실을 인정할 수 있는바, 그렇다면 청구인은 피상속인으로부터 위 a원을 특별수익하였다고 봄이 상당하다.

 이에 대하여 청구인은, 피상속인에게 생활비를 일부 보조해 준 것에 불과하므로 위와 같이 증여한 돈은 상속분의 선급으로서의 의미를 가지는 특별수익에 해당하지 않는다고 주장하나, 아래에서 보는 바와 같이 피상속인으로부터 증여받은 특별수익이 존재하지 않는 다른 공동상속인도 있는 이상 청구인이 위와 같은 돈을 피상속인으로부터 증여받은 것이 공동상속인들 사이의 형평을 해치지 아니하는 특별수익에 해당하지 않는다고 볼 수 없으므로, 청구인의 위 주장은 이유 없다.

3. 서울가정법원 20**느합***** 상속재산분할

 ...(중략)... 당시 피상속인 망 ○○○의 나이(만 81세). 피상속인 ○○○이 기존에 재산을 관리하였던 방법 등에 비추어 볼 때 위 증권투자를 피상속인 망 ○○○이 하였다고 보기에는 어려운 점, 피상속인 망 ○○○은 이 사건 A 계좌에 ...(중략)... a원을 입금하였는데, 200×. 00. 00. b원이 수표로 인출되었으며, 그 인출자는 상대방 ◎◎◎이었던 점, 피상속인 망 ○○○ 명의의 이 사건 A 계좌는 상대방 ◎◎◎이 운영하던 B회사 인근에 위치한 C 지점에서 사

용되었을 뿐 피상속인 망 ○○○이 거주하던 D에서는 사용된 적이 없는 반면, 위 계좌가 C 지점에서 사용된 같은 날 인접한 시점에 피상속인 망 ○○○ 명의의 다른 계좌가 D에서 사용되었으며, C 지점과 D의 거리에 비추어 볼 때 피상속인 망 ○○○이 같은 날 D에서 다른 계좌를 사용하여 거래함과 아울러 C 지점에서도 위 계좌를 사용하여 거래하였다고 보기 어려운 점, 특히 이 사건 A 계좌에서 201×. 00. 00.부터 201×. 00. 00.까지 매일 내지 수일의 간격을 두고 c원 내지 d원씩 계속 인출하여 잔고가 거의 남지 않게 되었는바, 위 기간 중 상당부분은 피상속인 망 ○○○이 중환자실에 입원해 있는 기간이어서 망 ○○○이 직접 위 현금을 인출했다고 볼 수 없는 점 등을 종합하여 볼 때, 피상속인 망 ○○○은 200×. 00. 00. 망 ○○○ 명의의 이 사건 A 계좌를 신설하여 위 통장은 상대방 ◎◎◎에게 교부함으로써 상대방 ◎◎◎으로 하여금 위 통장을 사용하게 하였다고 봄이 상당하다.

♣ 피상속인으로부터의 증여이나 특별수익임을 부정한 판례
1. 서울고등법원 20**브** 상속재산분할
살피건대, 금융조회 결과 등에 의하면 청구인 ○○○이 환전하거나 혹은 그의 계좌로 입금된 금액의 합계가 상대방이 주장하는 금액에 이르기는 하나, 이 금액이 피상속인으로부터 지급된 것임을 인정할 증거가 부족하다. 또한 설사 이러한 돈이 모두 피상속인

으로부터 지급된 것이라고 하더라도 대개의 가정에서 자녀가 여럿인 경우 능력과 형편에 맞추어 자녀별로 지출되는 교육비가 차이가 날 수 있으므로, 그 차이가 크다는 이유만으로 이를 '상속분의 선급으로 보아 상속인들 사이의 형평을 기하기 위한 특별수익'으로 단정할 수는 없는 것인데, 상대방은 청구인 ○○○에게 지출된 학자금 등이 특별수익으로 취급되어야 할 사정에 대해 아무런 주장, 증명을 하지 않았다.

2. 서울가정법원 20**느합*** 상속재산분할

상대방 ○○○는 피상속인이 상대방 ●●●의 학비를 부담하거나 매달 생활비를 a원 정도씩을 부담하였으므로, 이 또한 특별수익으로 고려되어야 한다고 주장하나, …(중략)… 상대방 ●●●의 학비나 매달 생활비 a원 정도의 지급은 피상속인의 생전 자산, 수입, 생활수준, 그 지급받은 돈의 액수, 용도 등을 종합하여 볼 때 위 돈을 특별수익으로 인정하지 않으면 상속인들 사이에 공평을 해한다고 보기도 어렵다.

상대방 ○○○는 피상속인이 청구인의 보험료로 b원을 지급하였다면서 b원을 청구인의 특별수익으로 보아야 한다는 주장을 하므로 살피건대, …(중략)… 앞서 본 특별수익의 법리 및 취지에 비추어 보아 매월 c원씩 지급이 이루어진 것으로 두고 특별수익이라고 평가하기 어려울 뿐더러 위 보험계약의 경우 보험계약의 성격, 보험수익자가 누구인지조자 명확하지 아니하므로 특별수익이라고 보기 어렵다.

3. 서울가정법원 20**느합*** 상속재산분할

...(중략)... 위 각 금원의 송금이 장기간에 걸쳐 조금씩 이루어진 점, 가족 간에는 여러 가지 이유로 금전이 오갈 수 있는 것이고, 가족 간에는 일정 정도의 부양의무가 있는 점, 피상속인의 a원 이상의 자산 규모에 비추어 위 각 금원은 비교적 소액으로 평가할 수 있는 점 등에 비추어 보면, 위 인정사실만으로는 청구인 ◎◎◎, ◉◉◉이 송금받은 위 각 금원을 위 청구인들의 특별수익이라고 단정하기 어렵고 달리 이를 인정할 증거가 없다.

4. 서울고등법원 20**브*** 상속재산분할

상대방은, 피상속인이 200×. 00. 00.부터 200×. 00. 00.까지 청구인의 보험료 a원을 불입하여 주고 청구인 명의의 휴대전화요금 b원을 납부하여 주었으며, ...(중략)... 합계 c원을 보내줌으로써 증여하였으므로, 청구인은 위 각 돈을 특별수익하였다고 주장하므로 살피건대, 어떠한 생전 증여가 특별수익에 해당하는지는 피상속인의 생전의 자산·수입·생활수준·가정상황 등을 참작하고 공동상속인들 사이의 형평을 고려하여 당해 생전 증여가 장차 상속인으로 될 자에게 돌아갈 상속재산 중 그의 몫의 일부를 미리 주는 것이라고 볼 수 있는지에 의하여 결정하여야 할 것인데, 상대방의 위 주장과 같이 피상속인이 청구인을 위하여 위와 같이 금원을 지출한 것만으로는 그 명목이나 액수, 지급기간 등에 비추어 피상속인이 장차 청구인에게 돌아갈 상속재산 중 일부를 미리 준 것이라고 보기 어렵다고 할 것이므로, 상대방의 위 주장도 이유 없다.

5. 서울가정법원 20느합***** 상속재산분할**

 ...(중략)... 위 기간 동안 상대방 및 그 가족이 피상속인과 동거하면서 A 부동산에서 무상으로 거주한 사실은 당사자 사이에서 일치하고, 이로 인하여 주거비용이 절감하는 등 편익을 누린 것으로 보이기는 하나, 상대방 또한 피상속인과 동거하는 과정에서 어느 정도 가사를 분담하는 등 기여했거나 불편함을 감수한 측면도 있어 일방적으로 혜택만을 얻었다고 보기는 어려운 점, 그럼에도 불구하고 상대방 및 그 가족이 피상속인과 동거한 것에 대해 기여분을 전혀 인정하지 않은 점, 피상속인의 자산, 수입, 생활수준, 가정상황 등에 비추어 위와 같이 무상으로 거주하도록 한 것이 피상속인이 상대방에게 돌아갈 상속재산 중 월세 상당을 미리 준 것이라고 보기는 어려우므로, 상대방이 월세 상당의 금원을 특별수익했다고 할 수는 없다.

6. 부산가정법원 20**느합****** 상속재산분할

...(중략)... 피상속인은 OO 대학교병원에서 폐암으로 진단받은 후 자신의 신병을 걱정하며 인근에 거주하며 평소 대소사를 돌보던 상대방 B에게 간병비, 병원비 등 소요비용에 사용하라며 1,000만 원을 주었던 사실을 인정할 수 있는바, 피상속인의 재산의 규모, 지급시기와 지급경위, 상대방과의 관계, 지급 이후의 사정 등을 종합적으로 고려하면, 위와 같이 피상속인이 상대방 B에게 지급한 것은 장녀인 B를 믿고 자신의 병원비, 간병비 등에 사용하라며 지급한 것이지 상대방 B의 상속분을 선급한 것이라고 보기 어렵고, 달리 위 돈이 상대방 B의 상속분 선급에 해당한다는 점을 인정할 증거가 없다.

7. 대전가정법원 2020느합**** 상속재산분할

청구인은 망 A의 사망에 따라 개시된 상속 절차에서 <u>상대방들의 실질적인 상속포기를 내용으로 하는 이 사건 상속재산분할협의에 따라 이 사건 제1 부동산의 소유권을 단독으로 취득한 점</u> 청구인은 위와 같은 소유권 취득에 대한 반대급부로서 이 사건 제2 부동산에 관하여는 피상속인 사망 이후 상대방들이 각 1/2 지분씩 소유하는 데에 동의하였던 점, 이 사건 <u>제2 부동산의 증여는 피상속인의 사망에 따른 상속분의 선급이라기보다는 이 사건 상속재산분할협의에 따라 포기된 상대방들의 권리에 대한 보상이라고 보이는</u>

점 등에 비추어 보면, 위 인정사실만으로는 이 사건 제2 부동산의 각 1/2 지분 상당액이 상속분의 선급으로서 상대방들에 대한 특별수익에 해당한다고 보기에 부족하고, 달리 이를 인정할 만한 증거가 없다.

8. 대전가정법원 천안지원 2021느합**** 상속재산분할

앞서 본 바와 같이 상대방은 위 수입금으로 위 아파트와 관련한 대출채무 또는 종전 임대차계약의 보증금을 변제하는 한편 위 아파트를 수선하는 등으로 일정한 유지비용을 지출해 온 사정을 고려하면, 상대방이 위 임대차보증금 또는 차임을 징수하여 개인적으로 소비한 금액은 없거나 청구인이 주장하는 금액에 훨씬 미치지 못할 것으로 판단되고, 설령 일부 개인적으로 소비한 금액이 있다고 하더라도 상대방이 위와 같은 관리행위를 하기 위하여 기울인 노력, 시간 들을 감안할 때 이는 피상속인이 상대방에게 돌아갈 상속재산 중의 일부를 미리 준 것이기 보다는 피상속인 소유의 위 아파트를 관리하는 수고에 대한 대가로 지급한 것이라고 평가함이 타당하다(한편 상속 개시 후 발생한 상속부동산의 차임 등 상속재산의 과실은 상속개시 당시 존재하지 않았던 것으로서 상속재산분할의 대상이 되는 상속재산이 아니고, 마찬가지로 피상속인이 증여 또는 유증한 것도 아니어서 이를 특별수익으로 볼 수 없다).

돌아가신 아버님이 어머님께 주신 재산도 어머니의 특별수익으로 계산하나요?

Q. 아버님이 올봄에 돌아가셨고, 어머님은 치매로 지금 요양원에 계십니다. 아버님은 돌아가시기 전에 사시던 아파트는 어머니 명의로 해두셨고, 수원에 상가와 오피스텔을 남기고 돌아가셨습니다. 현금은 2억 원 정도 있습니다. 아버님 돌아가시고 나서 형제들 사이에 싸움이 나 지금도 재산 정리를 못 하고 있는데요, 평소 부모님을 잘 찾아뵙지도 않았던 다른 형제들이 어머님은 미리 아버지한테 받은 재산이 있으니 어머니를 빼고 남은 재산을 나누자고 해서 싸움이 커졌습니다. 제 남편은 아버님이 어머님의 노후를 위해 아파트를 주신 거라서 이 아파트는 상속재산을 나눌 때 빼야 한다고 반대했었고, 그래서 지금은 서로 연락도 안 하고 있습니다. 언제까지 싸울 수는 없는 노릇이고, 재산은 어떻게 나눠야 하나요?

A. 앞서 공동상속인 중에 피상속인에게서 미리 재산을 받은 상속인이 있을 때, 그 특별수익을 고려하여 남은 재산의 분배 비율을 정해야 한다고 말씀드렸습니다. 상속인들 사이의 실질적인 공평을 위해서 이런 제도적 장치를 두고 있는 것이죠.

그런데 재산이 피상속인 명의로 되어있기는 하지만 그 재산을 오로지 피상속인만의 재산이라고 하기 어렵거나, 피상속인에게서 재산을 미리 받은 것을 두고 상속분의 선급이라고 판단하는 것이 오히려 부적절할 때가 있습니다. 피상속인이 수십 년 혼인 생활을 유지한 배우자에게 재산을 증여했을 때가 대표적인 사례입니다. 먼저 대법원 판례를 보시죠(이 판례는 상속재산분할심판이 아니라 유류분반환청구소송에서 나왔습니다).

대법원은 "민법 제1008조는 "공동상속인 중에 피상속인으로부터 재산의 증여 또는 유증을 받은 자가 있는 경우에 그 수증재산이 자기의 상속분에 달하지 못한 때에는 그 부족한 부분의 한도에서 상속분이 있다."라고 규정하고 있는데, 이는 공동상속인 중에 피상속인에게서 재산의 증여 또는 유증을 받은 특별수익자가 있는 경우에 공동상속인들 사이의 공평을 기하기 위하여 수증재산을 상속분의 선급으로 다루어 구체적인 상속분을 산정할 때 이를 참작하도록 하려는 데 그 취지가 있다. 여기서 어떠한 생전 증여가 특별수익에 해당하는지는 피상속인의 생전의 자산, 수입, 생활수준, 가정상황 등을 참작하고 공동상속인들 사이의 형평을 고려하여 당해 생전 증여가 장차 상속인으로 될 자에게 돌아갈 상속재산 중 그의 몫의 일부를 미리 주는 것이라고 볼 수 있는지에 의하여 결정하여야 하는데, 생전 증여를 받은 상속인이 배우자로서 일생 동안 피상속인의 반려가 되어 그와 함께 가정공동체를 형성하고 이를 토대로 서로 헌신하며 가족의 경제적 기반인 재산을 획득·유지하고 자녀들에게 양육과 지원을 계속해 온 경우, 생전 증여에는 위와 같은 **배우자의 기여나 노력에 대한 보상 내지 평가, 실질적 공동재산의 청산, 배우자 여생에 대한 부양의무 이행 등의 의미**도 함께 담겨 있다고 봄이 타당하므로 그러한 한도 내에서는 생전 증여를 특별수익에서 제외하더라도 자녀인 공동상속인들과의 관계에서 공평을 해친다고 말할 수 없다(대법원 2011. 12. 8. 선고 2010다66644 판결)."

위 대법원 판례에 따르면, 피상속인이 오랜 세월 가정공동체를 형성하여 헌신한 배우자에게 재산을 증여했는데, 그 증여가 배우자의 기여나 노력에 대한 보상이나 평가, 실질적 공동재산의 청산, 배우자 여생에 대한 부양의무 이행 등의 의미를 가질 때에는 이 재산을 특별수익에서 제외할 수 있습니다(이를 '배우자 특별수익'법리라고 합니다).

그렇다면, 위 사례에서 아버님이 어머님께 증여한 아파트가 실질적 공동재산의 청산이나 여생에 대한 부양의무 이행 등의 의미가 있다고 한다면, 어머님이 아버님에게서 아무 재산도 받지 않은 것처럼 취급하여 남은 재산을 분배할 수 있습니다.

위 대법원 판례는 상속재산분할심판청구 사건에서도 아주 중요합니다. 피상속인과 배우자가 오랜 세월 가정공동체를 유지했었고, 배우자에게 별다른 재산이 없다면 피상속인이 배우자에게 한 증여는 상속재산분배에서 고려되지 않을 가능성이 큽니다.

> ※ 실제 관련 판례
>
> **1. 서울가정법원 2018느합**** 상속재산분할**
>   청구인 A는 피상속인의 배우자로서 약 60년 동안 피상속인과 함께 생활하면서 피상속인을 보살폈던 것으로 보이는 점에 비추어 보면, 피상속인이 청구인 A에게 위 현금을 증여한 것이라고 하더라도 이는 위와 같은 상대방의 기여나 노력에 대한 보상 내지 평가, 실질적 공동재산의 정산 등의 의미도 함께 담겨 있다고 봄이 타당하므로 이를 특별수익에서 제외함이 상당하다. 또한 위 금원 중 비교적 소액이 지급된 부분은 생활비 명목으로 지급된 것으로 보인다. 따라서 상대방들의 위 주장은 받아들이지 않는다

2. 서울가정법원 2019느합**** 상속재산분할

 상대방 A는 피상속인과 사이에 청구인들 및 상대방 B 등 5남매를 두고 피상속인의 사망시까지 60년가량의 혼인생활을 유지해 온 점, 위 임대차보증금은 상대방 A의 거주지 마련을 위한 것으로 보이고, 1억 원의 보험금 증여는 상대방 A의 생활비 등으로 사용하기 위한 것으로 보이는 점, 피상속인의 생전 자산의 규모가 수십억 원에 이르는 점 등을 앞서 본 법리에 비추어 보면, 상대방 A가 증여받은 위 돈을 상대방 A의 특별수익으로 인정하기 어렵다.

3. 서울가정법원 2021느합**** 상속재산분할

 피상속인이 설령 위 각 보험의 보험료나 위 각 부동산의 매매대금 전액을 지급하였다고 하더라도, 상대방 A는 피상속인의 배우자로서 약 25년 동안 피상속인의 반려가 되어 그와 함께 자녀들을 양육하고, 피상속인의 개인사업을 도와 가정공동체를 형성하여 왔는바, 위 각 보험금과 각 부동산은 위와 같은 상대방 A의 기여나 노력에 대한 보상 내지 평가, 실질적 공동재산의 청산, 배우자 여생에 대한 부양의무 이행 등의 의미도 함께 담겨 있다고 봄이 타당하므로, 그러한 한도 내에서는 생전 증여를 특별수익에서 제외하더라도 자녀인 공동상속인들과의 관계에서 공평을 해치지 아니한다.

4. 서울고등법원 2021브**** 상속재산분할

위 아파트의 경우 이를 특별수익에서 제외하더라도 자녀인 공동상속인들과의 관계에서 공평을 해진다고 할 수 없고 오히려 이를 상속분의 선급으로 취급한다면 공동상속인들 사이의 실질적인 형평을 해치는 결과가 초래된다고 보이므로, 이는 특별수익에서 제외함이 타당하다. 따라서 나머지 상대방들의 위 주장은 받아들이지 않는다.

① 상대방 A는 195×. 00. 00. 피상속인과 혼인한 이후 배우자로서 201×. 00. 00. 피상속인의 사망시까지 약 62년 동안 피상속인의 반려가 되어 그와 함께 가정공동체를 형성하고 이를 토대로 헌신하며, 1960년대 초 시작한 피상속인의 B 사업을 도와 직원들 식사를 제공하고 부수적인 업무를 처리하는 등으로 가족의 경제적 기반인 재산을 획득·유지하는 한편, 6명의 자녀들을 출산하고 이들에 대한 양육과 지원을 계속하여 온 것으로 보인다.

② 위 아파트는 피상속인이 199×. 00.경 소유권을 취득하고 상대방 A와 함께 199×. 00.경 전입신고한 이래 피상속인과 상대방 A가 함께 생활하여 온 주거지이고, 상대방 A는 위 아파트를 200×. 00.경 피상속인으로부터 증여받은 이후 및 201×. 00. 경 피상속인의 사망 이후에도 최근까지도 위 아파트에서 계속하여 생활하여 왔다.

③ 피상속인은 혼인기간이 약 49년에 이른 200×. 00.경 상대방

A 에게 위 아파트를 증여하였는바, 그 무렵 및 전후 나머지 상대방들과 청구인에 대한 증여 규모, 당시 위 아파트의 가액 및 상속재산에서 차지하는 비율, 피상속인 및 상대방 A의 자산, 수입, 생활수준 등에 비추어 볼 때, 이는 피상속인이 상대방 A에게 위와 같은 배우자로서의 기여 및 노력에 대한 보상 내지 평가 실질적 공동재산의 청산 및 배우자의 여생에 대한 부양의무의 이행 등의 의미로 생전 증여한 것으로 보는 것이 자연스럽고, 이와 달리 볼만한 뚜렷한 반증 내지 반대사정을 발견하기 어렵다.

며느리와 손자가 받은 재산도 포함할 수 있나요?

Q. 돌아가신 아버지는 큰 음식점을 하셨습니다. 가업을 장남이 승계하기를 바라시는 마음에 음식점 건물 절반은 장남에게 그리고 나머지 절반은 장손에게 증여하셨습니다. 그리고 어머니가 돌아가신 후에는 사시던 아파트를 장남과 맏며느리 공동명의로 해두셨습니다. 그 결과 아버지의 재산 중 거의 60% 정도가 장남 일가에게 넘어간 셈이 됐습니다. 아버지 장례식이 끝나고 형제들끼리 모인 자리에서, 큰누나가 장남은 가진 재산이 많으니 남은 재산은 장남을 제외한 형제들끼리 나누겠다고 하자 장남은 자기는 아버지 뜻에 따라 재산을 먼저 받은 것뿐이고, 장손과 며느리가 받은 재산은 빼야 하니, 남은 재산도 똑같이 나누어야 한다고 하고 있습니다. 이렇게 싸우느라 상속세 납부기한도 다가오는데 이런 때에 어떻게 해야 하나요?

A. 유류분반환청구소송에서는 며느리, 손자, 형제, 사실혼 배우자 등 이른바 '공동상속인 아닌 제3자'도 소송의 피고가 될 수 있습니다. 물론 공동상속인 아닌 제3자가 소송의 피고가 되려면 일정한 조건이 필요하기는 합니다.

반면에 상속재산분할에서는 오로지 공동상속인만이 당사자가 됩니다. 그래서 공동상속인 아닌 제3자가 받은 특별수익은 구체적 상속분 계산에 영향을 미치지 않는 것이 원칙이죠.

그런데 이 원칙만을 일관한다면 불평등한 상속 관계가 생길 수 있습니다.

아버지에게 다섯 형제가 있었고 돌아가시기 전에 10억 원의 전 재산 중 9억 원을 맏며느리와 장손에게 증여했다고 해보겠습니다. 남은 상속재산은 1억 원인데, 아버지가 돌아가시고 나서 장남이 남은 1억 원을 1/5씩 나누자고 할 수 있을까요?

맏며느리와 장손은 공동상속인이 아니고 장남은 자신 명의로 취득한 재산이 없으니 남은 재산을 또 1/5씩 나누면 실질적으로 장남은 9.2억 원의 상속이익을 받는 셈이 됩니다(배우자와 자녀가 받은 9억 원 + 상속재산분배액 0.2억 원). 그래서 이때는 누가 피상속인에게서 재산을 받았는지보다는, <u>누가 실질적인 이익을 얻은 것인가를 기준</u>으로 구체적 상속분을 고려하는 것이 합리적입니다.

그래서 대법원 역시 "민법 제1008조는 '공동상속인 중에 피상속인으로부터 재산의 증여 또는 유증을 받은 자가 있는 경우에 그 수증재산이 자기의 상속분에 달하지 못한 때에는 그 부족한 부분의 한도에서 상속분이 있다.'고 규정하고 있는바, 이와 같이 상속분의 산정에서 증여 또는 유증을 참작하게 되는 것은 원칙적으로 상속인이 유증 또는 증여를 받은 경우에만 발생하고, 그 상속인의 직계비속, 배우자, 직계존속이 유증 또는 증여를 받은 경우에는 그 상속인이 반환의무를 지지 않는다고 할 것이나, 증여 또는 유증의 경위, 증여나 유증된 물건의 가치, 성질, 수증자와 관계된 상속인이 실제 받은 이익 등을 고려하여 실질적으로 피상속인으로부터 상속인에게 직접 증여된 것과 다르지 않다고 인정되는 경우에는 상속인의 직계비속, 배우자, 직계존속 등에게 이루어진 증여나 유증도 특별수익으로서 이를 고려할 수 있다고 함이 상당하다(대법원 2007. 8. 28. 자 2006스3,4 결정)."라고 하고 있습니다.

맏며느리와 장손이 피상속인에게서 증여받은 재산이 실질적으로 장남이 직접 증여받은 것과 다르지 않다고 판단할 수 있다면 맏며느리와 장손이 받은 재산은 장남이 받은 것으로 하고 구체적 상속분을 정할 수 있습니다. 그렇다면 위 예에서 장남의 구체적 상속분은 '0'원이고, 상속재산 1억 원은 장남을 제외한 네 형제에게 각 0.25억 원씩 분배될 것입니다.

위 사안에서도 마찬가지로, 장손이 받은 음식점 건물 지분과 맏며느리가 받은 아파트 지분은 실질적으로 장남이 받았다고 평가할 수 있습니다. 그렇다면 장남은 피상속인 재산 중 이미 60%가량을 취득했으니, 상속재산에 권리가 없고(구체적 상속분이 '0원'), 피상속인 명의로 남은 상속재산은 장남을 제외한 다른 형제들의 몫으로 돌아갑니다.

※ 실제 관련 판례
I. 법무법인 세웅 성공 사례
1. 서울가정법원 2019느합**** 상속재산분할
상대방은 아래 수익 내역 모두 상대방 A가 증여받은 것이 아니라 상대방 A의 아들, 딸, 며느리가 증여받은 것이므로 상대방 A의 특별수익으로 인정될 수 없다고 주장한다. 그러나 각 증여 금액, 증여받은 사람과 상대방 A의 관계 등에 비추어 위 각 증여는 상대방 A의 특별수익으로 인정하는 것이 공평한 것으로 판단된다.

II. 기타 관련 판례
♣ 대법원 2006스3,4 판례 법리 적용 '긍정'사례

1. 서울가정법원 20**느합** 상속재산분할

...(중략)... 상대방 ○○○이 피상속인의 생전에 피상속인의 뜻에 따라 피상속인 명의의 예금을 인출하여 보유하고 있다가 상속개시 후에 피상속인이 지시한 대로 자신과 상대방들의 각 처와 자녀들에게 돈을 송금한 점, 위 예금인출이 피상속인의 사망에 임박하여 이루어진 점, 상대방 ○○○은 상속이 개시된 후에 비로소 위와 같이 돈을 송금한 점, 청구인은 돈을 송금받지 못한 점 등을 종합하여 보면, <u>상대방들이 각 처와 자녀들 명의로 받은 돈은 각 상대방들의 특별수익으로 감안함이 상당하다.</u> 따라서 상대방 ●○○, 상대방 ●●●의 특별수익은 각 a원이 되고, 상대방 ○○○의 특별수익은 나머지 b원이 된다.

2. 서울고등법원 20**브*** 상속재산분할

...(중략)... 상대방 ○○○의 예금인출은 피상속인의 의사에 따른 것으로 보이는 점, 예금 인출이 사망에 임박하여 이루어진 점, 청구인은 돈을 송금받지 못한 점 등을 종합하여 보면, 상대방들이 그 처와 자녀들 명의로 받은 돈은 실질적으로 피상속인으로부터 상대방들에게 직접 증여된 것과 다르지 않다고 인정되므로, 상대방들의 처나 자녀들에게 송금된 돈은 상대방들의 특별수익으로 봄이 상당하다.

3. 서울가정법원 20**느합*** 상속재산분할

　피상속인은 청구인 ○○○의 아들인 ●●● 명의 계좌로 200×년에 합계 a원 …(중략)… 을 송금한 사실을 인정할 수 있고, 청구인 ○○○은 피상속인이 ●●●을 위하여 학비, 용돈 등의 명목으로 위 각 금원을 증여한 것이라고 주장하고 있는바, <u>피상속인이 약 1년 동안 합계 77,000,000원이라는 상당한 금원을 ●●●에게 집중적으로 송금하여 준 점, ●●●의 학비, 용돈은 특별한 사정이 없는 한 청구인 ○○○이 부담하여야 하는 성격의 금원인 점</u> 등에 비추어 볼 때, ●●●이 받은 위 77,000,000원은 실질적으로 청구인 ○○○에게 직접 증여된 것과 다르지 않다고 인정되므로, 이는 청구인 ○○○의 특별수익에 해당한다고 봄이 상당하다.

4. 서울가정법원 20**느합***** 상속재산분할

　…(중략)… 피상속인이 상대방 ○○○과 ●●●이 함께 혼인생활을 영위할 주거지를 마련할 자금으로 그들에게 금원을 증여하였고, 상대방 ○○○과 ●●●은 피상속인이 증여한 돈으로 매수한 부동산에서 같이 거주하여 온 점 등에 비추어 보면, 피상속인이 위와 같이 상대방 ○○○과 ●●●의 공동명의로 부동산을 매수할 자금을 준 것은 상대방 ○○○에게 직접 증여한 것으로 평가되어야 할 것이므로, 상대방 ○○○의 위 부분 주장은 이유 없다.

5. 서울가정법원 20**느합***** 상속재산분할

...(중략)... 위 금원이 비록 청구인 ○○○이 아닌 배우자 ●●● 명의의 계좌로 이체되었으나, 위 이체된 금원의 액수, 청구인 ○○○과 ●●●의 관계, 기록에 나타난 증여 경위 등을 종합하여 볼 때 이는 피상속인으로부터 청구인 ○○○에게 직접 증여된 것과 다르지 않은 것으로 보인다. 따라서 이 부분은 청구인 ○○○이 특별수익하였다고 봄이 상당하다.

⚖ 대법원 2006스3,4 판례 법리 적용 '부정'사례
1. 서울가정법원 20**느합*** 상속재산분할

...(중략)... 피상속인이 ○○○에게 위와 같은 금원을 송금한 경위를 알 수 없고, 위 금원을 청구인 ●●●에게 증여한 것과 다르지 않다고 볼 만한 사정을 인정할 만한 증거도 없으므로, 이를 청구인 ●●●의 특별수익으로 평가할 수는 없다고 할 것이다.

장남이 많은 재산을 가져갔는데
그럼 남은 재산은 어떻게 나누나요?

Q. 아버지가 25년 전에 돌아가셨을 때 저희 형제들은 큰오빠의 말에 따라 아버지 재산을 전부 어머니 명의로 돌리기로 하였습니다. 저희 집안 분위기상 큰오빠의 말을 거역하기 어려웠죠. 어머니도 작년에 돌아가셨는데 아직 어머니 재산을 정리하지 못했습니다. 어머니가 7년 전에 큰오빠한테 25억 원이나 되는 재산을 주었는데, 큰오빠가 남은 재산 15억 원도 네 형제 똑같이 나누자고 하고 있어서 이건 아니다 싶었죠. 법대로 나누자고 했다가 큰오빠가 너무 크게 화를 내서 지금 동생들은 재산 얘기 꺼내지도 못하고 있습니다. 저는 이제 소송을 해서라도 제 몫을 찾고 싶은데요, 소송하면 제 몫은 얼마인가요?

A. 상속재산을 분배할 때는 공동상속인의 특별수익과 기여분을 고려해서 상속분을 다시 정하고, 이렇게 다시 정한 분배 비율을 '구체적 상속분'이라고 한다고 말씀드렸습니다.

이 사안에서는 공동상속인 중에 미리 피상속인에게서 재산을 받은 사람이 있는데, 이 사람이 받은 재산액이 법정상속분을 넘을 때, 남은 재산분배는 어떻게 이루어지는지가 중요합니다.

대법원은 "상속재산분할은 법정상속분이 아니라 특별수익(피상속인의 공동상속인에 대한 유증이나 생전 증여 등)이나 기여분에 따라 수정된 구체적 상속분을 기준으로 이루어진다.

구체적 상속분을 산정함에 있어서는, 상속개시 당시를 기준으로 상속재산과 특별수익재산을 평가하여 이를 기초로 하여야 하고, 공동상속인 중 특별수익자가 있는 경우 구체적 상속분 가액의 산정을 위해서는, <u>피상속인이 상속개시 당시 가지고 있던 재산 가액에 생전 증여의 가액을 가산한 후, 이 가액에 각 공동상속인별로 법정상속분율을 곱하여 산출된 상속분의 가액으로부터 특별수익자의 수증재산인 증여 또는 유증의 가액을 공제하는 계산방법</u>에 의한다. 이렇게 계산한 상속인별 구체적 상속분 가액을 전체 공동상속인들 구체적 상속분 가액 합계액으로 나누면 상속인별 구체적 상속분 비율, 즉 상속재산분할의 기준이 되는 구체적 상속분을 얻을 수 있다.

한편 위와 같이 구체적 상속분 가액을 계산한 결과 **공동상속인 중 특별수익이 법정상속분 가액을 초과하는 초과특**

별수익자가 있는 경우, 그러한 초과특별수익자는 특별수익을 제외하고는 더 이상 상속받지 못하는 것으로 처리하되(구체적 상속분 가액 0원), 초과특별수익은 다른 공동상속인들이 그 법정상속분율에 따라 안분하여 자신들의 구체적 상속분 가액에서 공제하는 방법으로 구체적 상속분 가액을 조정하여 위 구체적 상속분 비율을 산출함이 바람직하다. 결국 초과특별수익자가 있는 경우 그 초과된 부분은 나머지 상속인들의 부담으로 돌아가게 된다(대법원 2022. 6. 30.자 2017스98, 99, 100, 101 결정)."라고 하였습니다.

위 대법원 판례의 내용이 워낙 길고 어려워, 실제 상속재산의 분배과정을 경험해 봐야 이 판례의 의미를 제대로 이해할 수 있습니다. 여러분의 이해를 돕기 위해 최대한 풀어 설명하겠습니다.

먼저 상정상속재산(간주상속재산)을 알아야 합니다. 쉽게 말해 채무를 제외한 피상속인의 전체 재산입니다. 그럼 '피상속인이 상속개시 당시 가지고 있던 재산 가액에 생전 증여의 가액을 가산'해 봐야겠죠. 이 사안에서 생전 증여재산은 장남의 25억 원이고 상속개시 당시 재산은 15억 원이니 총 40억 원입니다.

그리고 상속인이 네 명 있으니 법정상속분은 각 10억 원씩이 되겠네요.

그런데 장남은 자신의 법정상속분 10억 원보다 많은 25억 원을 취득하였습니다. 이때 법정상속분보다 재산을 많이 받아간 사람을 '초과특별수익자'라고 하고, 법정상속분을 초과한 특별수익액을 '초과특별수익액'이라고 합니다. 그렇다면 장남은 초과특별수익자이고 장남의 초과특별수익액은 15억 원입니다.

그렇다면 장남은 어머니 명의로 남은 상속재산 15억 원에 아무런 권리가 없습니다. 초과특별수익자라 구체적 상속분 가액이 '0'원이기 때문이죠.

이때 초과특별수익 15억 원은 남은 상속인들이 '법정상속분'에 따라 부담합니다. 장남은 상속분이 없으니 없는 사람으로 치고 남은 세 사람이 15억 원을 1/3씩 부담하면 결국 1인당 5억 원입니다.

그리고 장남을 제외한 다른 상속인들의 법정상속분은 각 10억 원인데 초과특별수익 분담부분 5억 원을 빼면 각자 구체적 상속분 가액은 5억 원입니다. 그럼 세 명의 구체적 상속분의 합계가 상속재산의 가액과 맞아떨어지죠.

위 초과특별수익의 안분 과정이 필요한 이유는, 공동상속인 중에 초과특별수익자가 있을 때 다른 공동상속인의 법정상속분 가액의 합이 상속재산의 합보다 커지기 때문입니다.

위 예에서도 장남을 제외한 상속인들의 법정상속분의 합계액은 30억 원인데, 남은 재산은 15억 원이므로, 장남의 초과특별수익액을 안분하는 과정이 있어야 합니다.

물론 이 사안은 상속재산 15억 원을 장남 빼고 다른 세 형제가 1/3씩 나누어 가지면 된다고 간단히 계산할 수 있습니다. 그런데 엄밀히 말하자면, 이 계산에도 사실 초과특별수익 안분과정이 생략되어 있습니다.

실제로 상속인들 각자 특별수익액이 다르고 특별수익 한 사람 중의 일부는 초과특별수익자인데 다른 특별수익자는 그렇지 않은 사안이라면 반드시 초과특별수익 안분과정을 거쳐야만 정확한 구체적 상속분액을 계산할 수 있습니다.

05.
기여분

우리 상속법은 피상속인이 재산을 형성하고 유지하는 데에 특별히 기여했거나 피상속인을 부양하는 데에 기여한 공동상속인에게 상속재산의 일부 또는 전부를 먼저 분배받을 수 있도록 하고 있습니다.

기여분은 공동상속인의 특별수익과 마찬가지로 상속인들의 구체적 상속분을 정하는 요소입니다.

어머니 명의로 산 집도
똑같이 나누어야 하나요?

Q. 아버지가 15년 전에 돌아가시고 홀로 된 어머니를 지금까지 혼자 부양을 하고 있었습니다. 다른 형제들은 명절이나 어머니 생신 때 왕래를 하는 것 빼고는 어머니 봉양에 별 도움이 되지는 않았습니다. 어머니와 같이 살 집을 마련해야 했는데 당시 1가구 2주택 문제가 있어서 제가 대출을 받아 집을 사면서 어머니 명의로 해 두었습니다. 그리고 대출은 제가 다 갚았습니다. 그런데 어머니가 돌아가시자, 동생들이 어머니 명의로 된 재산을 똑같이 나누자고 하고 있습니다. 동생들한테 내가 대출을 받아 산 집이라고 해도 동생들은 집 명의가 어머니로 되어있으니 당장 등기를 하겠다고 난리입니다. 이 재산을 동생들과 나누어야 한다니 정말 말도 안 됩니다. 이런 경우에는 어떻게 해야 하나요?

A. 기여분은 상속재산을 분배할 때 공동상속인들 사이에 실질적인 균형 또는 형평을 도모하기 위해 1979년 1월에 도입된 제도입니다.

피상속인을 오랫 동안 부양했거나 피상속인 재산에 기여

가 있는 공동상속인이 있는데도 재산을 기계적으로 똑같이 나누어야 한다면, 오히려 정의 관념에 반하는 결과가 된다는 것이 기본적인 생각입니다.

민법은 기여분을 인정받기 위해서는 '특별한 기여'가 있어야 한다고 정하고 있고, 공동상속인들 사이에 기여분 결정에 관하여 협의를 할 수 없을 때는 가정법원에 기여분 결정청구를 하도록 하고 있습니다.

> **제1008조의2(기여분)** ① 공동상속인 중에 상당한 기간 동거·간호 그 밖의 방법으로 피상속인을 특별히 부양하거나 피상속인의 재산의 유지 또는 증가에 특별히 기여한 자가 있을 때에는 상속개시 당시의 피상속인의 재산가액에서 공동상속인의 협의로 정한 그 자의 기여분을 공제한 것을 상속재산으로 보고 제1009조 및 제1010조에 의하여 산정한 상속분에 기여분을 가산한 액으로써 그 자의 상속분으로 한다.
> ② 제1항의 협의가 되지 아니하거나 협의할 수 없는 때에는 가정법원은 제1항에 규정된 기여자의 청구에 의하여 기여의 시기·방법 및 정도와 상속재산의 액 기타의 사정을 참작하여 기여분을 정한다.
> ③ 기여분은 상속이 개시된 때의 피상속인의 재산가액에서 유증의 가액을 공제한 액을 넘지 못한다.

그렇다면 기여분을 인정받을 수 있는 '특별한 기여'는 무엇을 말하는 것일까요. 대법원은 "민법 제1008조의2가 정한 기여분제도는 공동상속인 중에 피상속인을 특별히 부양하였거나 피상속인의 재산 유지 또는 증가에 특별히 기여하였을 경우 이를 상속분 산정에 고려함으로써 공동상속인 간의 실질적 공평을 도모하려는 것인바, 기여분을 인정하기 위해서는 공동상속인 간의 공평을 위하여 상속분을 조정하여야 할 필요가 있을 만큼 피상속인을 특별히 부양하였다거나 피상속인의 상속재산 유지 또는 증가에 특별히 기여하였다는 사실이 인정되어야 한다(대법원 2014. 11. 25. 자 2012스156,157 결정)."라고 하였습니다.

이처럼 기여분에서 기여는 특별한 것이어야 하므로, 가족관계에서 일반적으로 기대되는, 이른바 '통상적 부양의무의 이행'수준의 기여는 기여분으로 인정받기 어렵습니다.

기여분은 재산적 기여와 부양적 기여로 나눌 수 있는데, 재산적 기여는 부양적 기여에 비교해 상대적으로 기여분을 산정하기가 쉽습니다. 숫자로 계산할 수 있는 영역이기 때문입니다. 가령 피상속인의 재산이 5억 원인데, 공동상속인 중 한 명이 2억 원을 피상속인에게 보태주었다고 한다면 그 공동상속인의 기여를 40% 정도라고 인정할 수 있겠죠.

반면에 부양적 기여는 그 가치를 계산하기가 매우 어렵습니다. 또한, 비슷해 보이는 부양이라고 하더라도 상황에 따라 인정되는 기여분이 많이 차이 날 수 있습니다. 단적인 예로 부모님을 동거하면서 15년 동안 모셨다고 하더라도, 15년 동안 얼마나 헌신적으로 모셨는지는 집안마다 다를 수 있기 때문입니다.

위 사안의 경우 1가구 2주택 문제를 피하려고 어머니 명의로 주택을 마련한 사실로 충분히 재산적 기여를 인정받을 수 있을 듯합니다. 피상속인이 재산을 취득할 때 그 취득자금이 기여분을 주장하는 질문자에게서 나왔으니까요.

그렇다면 기여분을 부정하고자 하는 다른 형제들은 질문자가 피상속인이 재산을 취득할 때 돈을 보태준 것이 통상적인 부양의무의 일환이었다고 하여야 합니다. 하지만 통상적인 부양의무로 부모님께 집을 사드리는 자녀가 얼마나 많을까요.

나중에 재산을 더 받기 위해 아내, 남편을 부양하거나 부모를 부양하는 사람은 없습니다. 그저 사랑하는 가족이라서 부양했고 또 그것이 사람의 도리이니까 부양한 것일 뿐이죠. 하지만 다른 공동상속인이 이를 부정할 때 상속 분쟁은 시작

됩니다.

기여분 문제로 다른 상속인과 협의가 안 되는 상황에서 가정법원에 기여분결정청구를 한다고 했을 때, 실제로 기여분을 인정받을 수 있을지, 인정받는다면 과연 얼마나 인정받을 수 있을지를 예측하기 매우 어렵습니다. 다만, 과거의 선례가 기준으로 어느 정도 가늠은 할 수 있습니다. 그래서 아래의 판례들을 참고해 보시기 바랍니다.

법무법인 세웅 오경수 변호사는, 기여분결정청구 사건에서 청구인의 기여분을 100%로 인정받은 선례를 가지고 있습니다. 기여분 100%를 인정받을 수 있는 상황이 워낙 이례적이라 이 사례로 섣불리 기여분 사건 전체를 일반화할 수는 없지만, 상속재산분할과정에서 후회가 남지 않기 위해서라도 기여분 주장을 확실히 해보는 것이 매우 중요합니다.

마지막으로 두 가지 안내사항이 있습니다.

첫째, 기여분결정청구에서 기여분 제도가 민법에 도입된 시기 이후부터 현재까지의 기여만 주장할 수 있다는 대법원 판례가 있습니다.

대법원은 "기여의 시기(始期)에는 아무런 제한이 없으므로 아주 오래된 과거의 기여라도 참작될 수 있지만, 기여분제도가 시행된 1991. 1. 1. 이전에 개시된 상속에 대하여는 기여분을 인정할 수 없다(대법원 1995. 2. 15.자 94스13,14 결정)."고 하였습니다.

둘째, 상속재산분할심판 사건에서 청구인과 상대방은 기여분결정청구를 할 수 있는데, 이때 기여분 주장을 할 수 있는 기간에 제한이 있는 경우가 있습니다.

> **가사소송규칙**
> **제113조**(청구기간의 지정) ①상속재산 분할 청구가 있는 때에는, 가정법원은 당사자가 기여분의 결정을 청구할 수 있는 기간을 정하여 고지할 수 있다. 그 기간은 1월 이상이어야 한다.
> ② 가정법원은 제1항의 규정에 의하여 정한 기간을 도과하여 청구된 기여분 결정 청구는 이를 각하할 수 있다.

수 원 지 방 법 원
가 사 비 송 합 의 ■부
심 판

사 건   2018느합■ 기여분결정 및 상속재산분할

청 구 인

소송대리인 변호사 오경수

상 대 방   1.

2.

3.

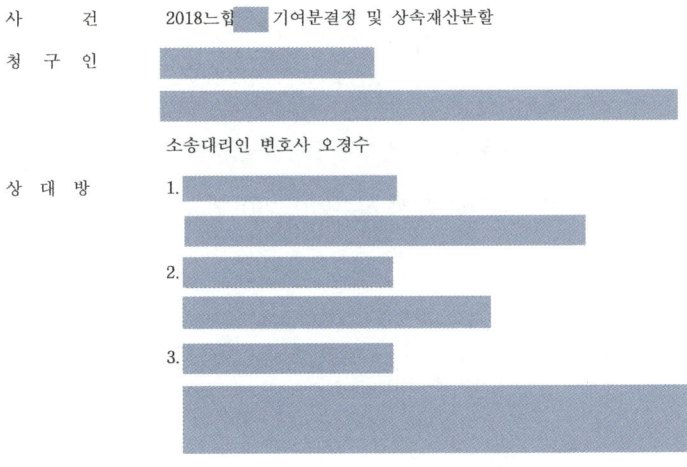

주 문

1. 피상속인 ■■■(■■■■■■■)의 상속재산에 대한 청구인의 기여분을 100%로 정한다.
2. 별지 목록 기재 상속재산을 청구인의 소유로 분할한다.

※ 실제 관련 판례

Ⅰ. 법무법인 세웅 성공 사례

1. 수원지방법원 2018느합*** 상속재산분할

...(중략)... 피상속인은 198×년경 청구인과 함께 집을 나와 상대방들과 따로 살면서 상대방들과는 서로 연락이나 왕래를 하지 않았던 점, 그 동안 청구인이 피상속인이 사망할 때까지 약 40년 넘게 피상속인을 부양한 점, ...(중략)... 청구인은 피상속인의 부양 및 상속재산의 유지·증가에 특별히 기여하였다고 평가할 수 있고, 나아가 상속재산의 가액, 기여방법 및 청구인과 상대방들의 의사 등 이 사건 기록 및 심문에 나타난 여러 사정을 종합적으로 고려하면, **피상속인의 상속재산에 대한 청구인의 기여분을 100%로 정함이 상당**하다.

돌아가신 어머니를 30년 가까이 모셨는데 기여분 인정받을 수 있나요?

Q. 저희 어머니는 네 딸 중 둘째 딸이고, 외할머니를 거의 30년 넘게 모셨습니다. 어머니는 결혼 전에도 외할머니와 같이 살았는데, 아버지와 결혼하고 한 2년 뒤에 외할아버지가 돌아가시자, 저희 부모님은 홀로된 외할머니를 돌아가실 때까지 모셨습니다. 어머니는 외할머니가 전세를 준 집을 수리하거나 세입자 관리를 하셨고, 외할머니가 80세가 넘어 요양 치료를 받을 때 치료비를 전부 부담했습니다. 당연히 외할머니를 모시는데 들어간 생활비도 전부 저희 부모님이 부담했죠. 얼마 전에 외할머니가 돌아가셨는데 이모들이 재산을 똑같이 나누자고 합니다. 저희 가족이 외할머니를 30년 모셨는데 기여분 인정받을 수 있을까요?

A. 위 사례는 실제 1998년 12월에 있었던 대법원 판례의 사실관계를 간단히 한 것입니다.

피상속인의 차녀는 결혼 전에도 피상속인과 함께 살다가 1965. 3.경 남편과 혼인하였고, 이후 피상속인이 1994. 1.경 사망할 때까지 계속 동거하며 부양하였습니다.

그런데 실제 사안에서 서울고등법원은 차녀의 기여분을 인정하지 않았습니다. 차녀가 피상속인을 오랜 기간 모셨던 사실은 인정하지만, 그것은 친족간의 부양의무 이행의 일환이었을 뿐이었다고 판단했었죠.

그러나 대법원의 판단은 달랐습니다. 대법원은 원심판결을 파기하고 차녀에게 기여분이 인정되어야 한다는 취지로 사건을 고등법원으로 내려보냈습니다.

대법원은 "성년(成年)인 자(子)가 부양의무의 존부나 그 순위에 구애됨이 없이 <u>스스로 장기간 그 부모와 동거하면서 생계유지의 수준을 넘는 부양자 자신과 같은 생활수준을 유지하는 부양을 한 경우</u>에는 앞서 본 판단 기준인 부양의 시기·방법 및 정도의 면에서 각기 특별한 부양이 된다고 보아 각 공동상속인 간의 공평을 도모한다는 측면에서 그 부모의 상속재산에 대하여 기여분을 인정함이 상당하다고 할 것이다(대법원 1998. 12. 8. 선고 97므513,520,97스12 판결)."라고 하였습니다.

그러면서 차녀의 피상속인에 대한 부양은, '<u>장기간의 부양, 동거부양, 동등한 생활수준의 부양</u> 등 그 부양의 기간, 방법,

정도상의 특징을 가짐으로써 부양능력을 갖춘 여러 명의 출가한 딸과 친모 사이의 통상 예상되는 부양의무 이행의 범위를 넘는 특별한 부양이 되어 이 사건 상속재산의 유지 증가에 특별히 기여한 것이라고 보아야 할 것'이라고 하였습니다.

위 대법원 판례는 장기간 피상속인을 부양한 상속인이 기여분을 주장하려고 할 때 많이 인용합니다. 실무상 피상속인의 집에 단순히 '얹혀산 자녀'가 아니고, 피상속인의 생활비, 병원비 등을 직접 부담하면서 오랜 기간 부양한 자녀라고 한다면, 위 대법원 판례를 근거로 기여분소송에서 유리한 위치를 점할 수 있죠.

다만, 장시간 부모님을 모셨다는 점이 반드시 기여분 인정으로 이어지는 것이 아니고, 위 대법원 판례보다 엄격하게 기여분 인정 조건을 정하고 있는 대법원 판례도 존재하므로, 기여분 소송은 정말 '결과를 장담할 수 없는 소송'이라는 점을 꼭 알고 계셔야겠습니다.

※ 실제 관련 판례

I. 법무법인 세웅 성공 사례

1. 의정부지방법원 2019느합**** 상속재산분할

① 피상속인은 201×. 00. 00.경 서울대학교병원에서 대장암 판정을 받은 후 201×. 00. 00.부터 201×. 00. 00.까지 10회에 걸쳐 병원에 입원하여 항암치료를 받았는데, 상대방이 그 주장과 같이 피상속인의 입원치료를 돕고, 병원비를 부담한 점, ② 상대방은 그 주장과 같이 피상속인을 위하여 피상속인의 보청기 구입비용, …(중략)… 등을 부담하였고, 피상속인의 사망 후 장례비 역시 부담한 점, ③ 상대방은 피상속인이 항암치료를 중단하고 가정에서 투병 생활을 하는 동안 피상속인의 간호를 도맡아 한 점(201×. 00. 00.부터 201×. 00. 00.까지 요양보호사가 1일 3시간씩 피상속인을 간호하였는데, 상대방이 이 비용도 부담하였다), ④ 반면 청구인은 피상속인에게 경제적 지원을 하거나 피상속인의 치료, 간호를 도운 사실이 전혀 없는 점 등에 비추어 보면, <u>상대방은 피상속인이 이 사건 상속재산을 취득 및 유지하는 데 특별히 기여하였다고 봄이 타당하다. 상속재산의 가액, 그 기여 방법과 정도 등을 고려하여 상대방의 기여분을 a원으로 정한다.</u>

2. 부산가정법원 2019느합**** 기여분결정 및 상속재산분할**

청구인 A는 200×년경부터 피상속인으로부터 독립하여 따로 거주하였는데 피상속인이 지병인 당뇨와 고혈압이 악화되어 201×년경 하던 일을 그만두고, 201×년경에는 급성폐부종으로 투병하게 되자 그 무렵부터 피상속인과 함께 살면서 망인을 보살폈던 점,

② 청구인 A는 피상속인을 병간호하면서 각종 공과금을 비롯한 생활비와 병원비 등을 부담하였던 것으로 보이는 점, ③ 피상속인은 198×. 00.경 이 사건 각 부동산에 관하여 임대차보증금 a원을 지불하였는데, 청구인 A가 201×. 00. 00. 위 돈 중 친척으로부터 빌렸던 b원을 대신 변제하였던 점(피상속인은 199×. 00. 00. 이 사건 각 부동산의 소유권을 취득하였다), ④ 청구인 A는 피상속인의 장례절차를 주관하면서 장례식 비용을 부담하였던 반면 상대방은 장례식에 참석조차 하지 않았던 점 등을 종합하면, 청구인 A는 피상속인을 특별히 부양하였을 뿐만 아니라 피상속인의 재산 유지 및 증가에 특별히 기여하였다고 봄이 타당하다. 나아가 기여분의 비율에 관하여 보면, 청구인 A의 기여의 방법 및 정도, 기간 등 이 사건 기록과 심문 과정에서 나타난 여러 사정들을 고려하여 피상속인의 상속재산에 대한 청구인 A의 기여분을 20%로 정한다.

3. 서울가정법원 2020느합** 기여분결정 및 상속재산분할**
청구인이 혼인 기간 중 198×년경 이전부터 계속 소득활동을 한 사실(한편 피상속인은 199×년경부터 사망 전까지 보훈급여를 받았고, 그 외에는 피상속인의 소득활동에 관한 자료가 없다), 피상속인이 청구인 주장과 같은 경위로 198×. 00. 00. 재건축 이전 부동산을 취득하였고, 그에 관한 대출채무는 199×. 00.경 변제된 사실, 재건축 이전 부동산은 청구인 주장과 같은 경위로 200×년경 재건축이 시작되어 200×년경 이 사건 아파트로 재건축된 사실, 그 과정에서 발생한 피상속인의 대출채무 a원은 청구인이 201×. 00. 00. 피상속인의 계좌로 b원을 송금하여 일부 변제되었고, 그 후 201×. 00. 00. 에 피상속인 계좌에 현금으로 c원이 입금되어 잔존채무도 변제된 사실이 인정된다. 위와 같은 사실관계에 비추어 보면, 청구인의 노력으로 인하여 피상속인의 재산이 유지·증가되었다고 할 것이므로, 그에 관한 청구인의 기여를 인정함이 상당하다. 기여의 시기, 방법, 정도, 상속재산의 가액, 공동상속인의 수, 공동상속인의 관계, 상속분 등 이 사건 기록에 나타난 여러 사정을 종합적으로 고려하면, 청구인의 기여분을 30%로 정함이 상당하다.

4. 수원가정법원 2020느합*** 기여분결정 및 상속재산분할

이 사건 부동산이 원래 청구인의 재산이었던 점, 청구인이 피상속인에게 이 사건 부동산의 소유권을 이전하는 과정에서 피상속인으로부터 그 대가를 받은 사정은 따로 보이지 않는 점, 청구인이 이 사건 부동산의 취득에 관하여 자신의 자금으로 매매대금을 지급한 점, 피상속인이 피담보채무의 원리금을 일부 변제하기는 하였으나, 청구인이 망 A에게 위 변제금에 미치지는 못하나 상당한 금원을 지급하였고, 피상속인과 망 A가 이 사건 부동산을 사용·수익한 것을 보태면 실질적으로 청구인이 피담보채무 대부분을 변제했다고 평가할 수 있는 점 등을 고려하면, 공동상속인 사이의 공평을 위하여 상속분을 조정하여야 할 필요가 있을 만큼 청구인이 피상속인의 상속재산인 이 사건 부동산의 유지 또는 증가에 특별히 기여하였다고 봄이 상당하다. 위와 같이 피상속인의 상속재산에 관하여 청구인의 기여분이 인정되는바, 그 기여분은 청구인의 기여의 시기와 방법, 정도, 상속재산의 가액 등 이 사건 기록과 심문에 나타난 여러 사정을 종합적으로 고려하여 70%로 정하기로 한다.

5. 서울가정법원 2021느합**** 상속재산분할

상대방 A는 199×. 00. 00.부터 배우자로서 피상속인이 사망할 때까지 30년간 동거하며 혼인생활을 하였고 혼인기간 중 소득활동을 하면서 가족들을 부양해 온 점, 상대방 A는 199×. 00. 00. 경 B 아파트를 자신의 명의로 매수하였다가 201×. 00. 00. 위 아파트를 a원에 매각하였고 피상속인은 위 매각대금에 금융기관에서의 대출금을 더하여 201×. 00. 00. 자신의 명의로 이 사건 아파트를 b원에 매수한 점, 상대방 A는 이 사건 아파트에 거주하면서 공과금 및 세금 등을 납부한 점 등을 종합하면, 청구인은 피상속인의 배우자로서 상속재산 유지, 증가에 특별히 기여하였다고 인정된다. 나아가 이 사건 상속재산의 가액, 그 기여방법과 정도, 상속인들간의 관계 및 의사 등 이 사건 심문에 나타난 제반 사정을 종합적으로 고려하여 보면, 상대방 A의 기여분을 50%로 정함이 상당하다.

Ⅱ. 기타 관련 판례

♣ 기여분 '긍정'판례

1. 서울가정법원 93느**** 기여분결정청구

...(중략)... 소외 망 ○○○은 197×. 00.경 ◇◇에서 농사를 지으면서 생활하던 중 처인 소외 ●●●이 사망하고 청구인 또한 나이가 들어 더 이상 농사를 짓기 힘들게 되자 농토를 처분하고 고향을 떠나 서울로 이주하여 집을 마련한 다음 소매점을 하거나 월세를 놓아 미혼자녀들을 양육하기로 마음먹고 197×. 00. 00.부터 다음달 00.경까지 사이에 자신의 소유이던 A 부동산 등 5필지를 처분한 사실, 청구인은 위 망 ○○○이 전재산을 처분하여 상경한다고 하자 그 소유인 B 부동산을 처분하여 그 대금을 위 망 ○○○에게 주었고 ...(중략)... 당시 청구인이 소유하고 있었던 위 B 부동산 위 망 ○○○이 소유하고 있었던 위 각 부동산에 비하여 상당히 비옥하여 상대적으로 높은 가격에 처분된 사실을 각 인정할 수 있는 반면 ...(중략)... 결국 위 인정사실에 의하면 청구인은 소외 망 ○○○이 별지목록 기재 각 부동산을 매수하거나 신축할 때 자신이 소유하는 부동산을 처분한 대금을 출연함으로써 피상속인 위 망 ○○○이 위 재산을 취득함에 있어 특별한 기여를 하였다 할 것이므로 나아가 그 기여분의 비율에 관하여 보건대, 위 망 ○○○ 및 청구인이 처분한 각 부동산의 처분가액과 위 망 ○○○이 취득한 재산의 취득가액을 확정할 수 없는 이 사건에 있어서 앞서 인정된

범위 내에서의 사유 즉 처분된 위 각 부동산의 면적, 토지의 비옥도, 위치, 그 밖에 위 재산의 상속 당시의 가액 및 이용상황 등 일건 기록에 나타난 여러 사정을 참작하여 청구인의 기여비율을 15퍼센트로 결정함이 상당하다.

2. 서울가정법원 94느**** 상속재산분할

피상속인과 함께 분식점 등을 운영하면서 종업원을 관리하는 등 <u>피상속인의 사업에 주도적으로 노무를 제공함으로써 상속재산을 형성하는 데 기여한 배우자의 기여분을 적극재산의 20%</u>로 정한 사례.

3. 서울가정법원 97느**** 상속재산분할

피상속인의 장녀인 청구인이 출가 후 부모가 이혼을 하자 남편과 함께 친정에 들어와 살면서 망인으로부터 생활비를 받아 이혼한 모를 대신하여 <u>살림을 전담하면서 망인을 봉양하고 동생들인 상대방을 뒷바라지</u> 하였고, 망인이 1990.부터 1996. 7. 30. 사망할 때까지 지병으로 여섯 차례나 병원에 입원하여 투병생활을 하는 동안에도 <u>별도의 간병인을 두지 않고 남편과 함께 망인의 사망시까지 병원수속과 간병을 도맡아 한 사안</u>에서, 청구인은 비록 이 사건 상속재산을 형성하는데 직접적으로 기여한 바는 없으나 출가한 후에 부모가 이혼을 하자 친정에 들어가 살면서 이혼한 모를 대신하여 13년 동안이나 집안 살림을 돌보고 망인과 동생들의 뒷바라지를 함으로써 상속재산의 유지 및 감소방지에 기여하였고 또한 망인이 투병생활을 할 때에도 수년간 지속적으로 간병함으로써 통상 기대되는 수준 이상의 특별한 부양, 간호를 하였다고 판단하여 청구인의 기여분을 금 1억5천만 원으로 인정한 사례.

4. 서울가정법원 20**느합**** 상속재산분할

...(중략)... ① 망 ○○○는 1950년대 중반부터, 청구인 ●●●는 망 ◎◎◎와 혼인한 1966. 4. 20. 경부터 피상속인들이 각 사망하기까지 피상속인들과 동거를 하였고, ...(중략)... 나머지 부동산 등을 이용하여 농업 및 어업을 영위하면서 피상속인들을 부양한 사실, ② 피상속인 망 ◉◉◉는 1899. 3. 12. 생이고 피상속인 망 ◇◇◇는 1901. 11. 3. 생으로서 망 ◎◎◎와 동거를 시작할 당시 이미 50대 중반이었고, 각 사망시 만 95세와 만 100세였던 사실, ③ 피상속인 망 ◉◉◉는 사망 전 약 3년간 치매를 앓았고, 피상속인 망 ◇◇◇는 1993. 8. 경부터 사망할 때까지 약 19년여간 지병을 앓으면서 간헐적으로 병원 입원을 반복하였는데, 망 ◎◎◎와 청구인 ●●●가 피상속인들을 병수발하면서 이에 소요되는 모든 비용을 부담한 사실, ④ 1971년 기준 평균수명은 남자가 58.99세, 여자가 66.07세인 사실을 인정할 수 있다.

망 ◎◎◎가 피상속인들을 부양하기 시작한 1950년대 중반에는 경제규모, 의료·위생 환경, 사회복지 수준 등이 극히 낮았던 점과 망 ◎◎◎가 피상속인들을 부양하기 시작할 무렵에 피상속인들은 이미 50대 중반으로서 당시 기대여명으로 추정되는 나이에 가까웠던 점에 비추어 보면 피상속인들에게는 상당한 기간 동안 부양이 필요했을 것으로 보이는 점, 망 ◎◎◎는 피상속인 망 ◉◉◉를 약 40년간, 피상속인 망 ◇◇◇를 약 50년간 부양하여 이례적으로 장기간 부양하면서 소요되는 모든 비용을 부담한 점, 피상속인들이 모두 말년에는 병치레를 하였고 특히 피상속인 망 ◉◉◉는 치매까지 앓았는데 망 ◎◎◎와 청구인 ●●●가 이를 모두 감당하여 온 점 등을 종합하여 보면, 망 ◎◎◎는 직접 또는 청구인 ●●●와 함께 피상속인들을 특별히 부양하였다고 봄이 상당하다.

나아가 전체 상속재산의 가액, 기여방법과 정도, 부양의 기간, 부양의 정도와 양태 등을 종합적으로 감안하여, 망 ◎◎◎의 기여분을 50%로 결정하기로 한다.

5. 서울가정법원 20**느합** 상속재산분할

...(중략)... 상대방 ○○○은 197×경부터 모친인 피상속인 및 부친과 동거하면서 부양하다가 198×년 부친이 사망한 뒤에도 계속하여 피상속인을 부양한 사실, 특히 청구인이 199×년경에, 상대방 ◉◉◉이 199×년경에, 상대방 ●●●이 200×년경에 각 미국으로 이민을 간 뒤에는 상대방 ○○○이 피상속인의 부양을 도맡

아 온 사실, 200×년경 피상속인이 중풍을 앓게 되자, 상대방 ○○○이 처인 ◎◎◎와 함께 피상속인의 간병을 하거나 간병인을 두어 간병을 하게 하는 한편 소요되는 병원비, 간병비 등을 부담한 사실, 상대방 ○○○이 피상속인에게 부과된 재산세의 일부를 납부한 사실을 인정할 수 있다.

위 인정사실과 전체 상속재산의 가액, 상대방 ○○○이 한 부양의 기간, 부양의 정도와 양태, 상속재산과 전체 특별수익재산의 규모 등을 종합적으로 감안하여 보면, 피상속인의 상속재산에 대한 상대방 ○○○의 기여분을 30%로 정함이 상당하다.

6. 서울가정법원 20**느합*** 상속재산분할

...(중략)... 피상속인은 198×년경 교통사고를 당한 이후로 거의 경제활동을 하지 못한 사실, 그 후로 상대방 ○○○은 시장에서 장사를 하여 번 돈으로 피상속인을 부양하였고, 그와 같이 번 돈으로 별지 목록 기재 부동산을 매수하면서 그 소유 명의만을 피상속인으로 해 두었을 뿐인 사실을 인정할 수 있으므로, 피상속인의 상속재산에 대한 상대방 ○○○의 기여분은 100%로 결정하기로 한다.

7. 서울가정법원 20**느합*** 상속재산분할

...(중략)... 상대방 ○○○은 196×년경부터 201×. 00. 00. 피상

속인이 사망할 때까지 약 48년간 피상속인과 사실상 및 법률상 혼인관계를 유지하면서 ...(중략)... <u>청구인들을 양육하고, 피상속인과 사이에서 4명의 자녀를 더 출산하여 양육하면서도</u>, ...(중략)... 함께 농사를 지으며 생계를 유지하였고, ...(중략)... 피상속인이 주택건설업을 영위함에 있어 피상속인으로 하여금 대출을 받을 수 있도록 알선하는 한편, ...(중략)... 피상속인과 함께 상당한 재산을 일구어 온 것으로 보이는 점, 피상속인이 ...(중략)... <u>장기간 투병생활을 하여 오는 과정에서 주도적으로 피상속인을 간병하면서 피상속인의 재산관리를 도와 온 점</u>, 그밖에 심문 과정에 나타난 여러 사정등을 종합하면, 상대방 ○○○은 피상속인을 특별히 부양했을 뿐만 아니라 피상속인의 재산의 유지 증가에 특별히 기여하였다고 할 것이고, <u>이 사건 상속재산의 규모, 상대방 ○○○의 기여도, 상대방 ○○○이 ...(중략)... A 부동산을 증여받음으로써 자신의 법정상속분을 초과한 특별수익을 보유하게 된 점 등을 종합하여 볼 때, 상대방 ○○○의 기여분은 이 사건 상속재산의 20%로 정함이 상당</u>하다.

8. 서울가정법원 20**느합***

...(중략)... ① 청구인은 피상속인과 197×. 00. 00. 혼인한 후 피상속인이 사망할 때까지 37년간 피상속인과 함께 생활하였고, 피상속인이 201×. 00. 00. 폐렴으로 입원하여 201×. 00. 00. 사망

할 때까지 곁에서 피상속인을 돌보았으며, 이때 피상속인의 치료비로 112,000,000원이 지출된 사실, ② 청구인은 피상속인과 혼인 이전부터 199×년경까지 27년간 경찰공무원으로 근무하였고, ...(중략)... 피상속인은 전업주부로서 별다른 소득활동을 하지는 않은 사실, ...(중략)... ④ 청구인과 피상속인은 199×년경 위 A 토지에 다가구주택을 신축하여 이 사건 상속재산을 형성하였는데, 이때 공사비용은 청구인이 ...(중략)... 충당하였고, 위 담보대출금은 위 다가구주택의 임대수입 등으로 모두 변제한 사실, ⑤ 상대방들은 그동안 피상속인과 별다른 교류가 없었던 사실 등이 인정되는바, 위 인정사실을 종합하여 보면, 청구인은 부부 사이의 통상 기대되는 수준 이상으로 피상속인을 특별히 부양하였을 뿐만 아니라, 피상속인 재산의 유지 또는 증가에도 특별히 기여하였다고 봄이 상당하다.

나아가 청구인의 기여도에 대하여 보건대, 상속재산의 가액, 그 기여방법과 정도 등 이 사건 심문에 나타는 여러 사정을 종합적으로 고려하여 보면, 그 비율은 50%로 정함이 상당하다.

9. 서울가정법원 20**느합*** 상속재산분할

살피건대, ...(중략)... <u>청구인은 피상속인의 모로서 피상속인이 사망할 때까지 함께 생활하면서 피상속인을 뒷바라지한 사실</u>, 피상속인은 2008. 5. 24. <u>상대방과 혼인하였으나, 혼인 이후에도 실제</u>

로 상대방과 함께 생활한 기간은 6개월 가량에 불과하고, 피상속인은 한국에서, 상대방은 필리핀에서 각 별도로 생활하던 중 피상속인이 사망에 이르게 된 사실, 청구인은 그 소유인 A 아파트 임대보증금 중 a 원을 피상속인에게 지급하여 별지 1목록 기재 부동산의 분양대금 b원 중 절반에 해당하는 대금을 지원해주었고, ...(중략)... 별지 2 목록 기재 금융재산의 형성에도 도움을 준 사실, 청구인은 20여 년간 피상속인의 급여를 주도적으로 관리하면서 부동산 투자, 금융상품 가입 등을 통해 피상속인의 재산 증가에 직접적으로 기여하였고, 피상속인과 함께 생활하면서 기본적인 생활비를 부담하는 등 피상속인의 재산 유지에도 기여한 사실, 상대방은 혼인 이후 5년 동안 피상속인에게 생활비 등으로 지급한 돈이 합계 c 원 가량에 불과하고, 그마저도 대부분 다시 상대방에게 사업자금 명목으로 지급되는 등 피상속인의 재산에 별다른 기여를 하지 못한 사실이 인정되는바, 위 인정사실을 종합하여 보면, 청구인은 이 사건 상속재산의 유지 및 증가에 특별히 기여하였다고 봄이 상당하고, 상속재산의 가액, 그 기여방법과 정도 등 이 사건 심문에 나타난 여러 사정을 종합적으로 고려하여 보면, 그 기여분의 비율은 이 사건 상속재산의 70%로 정함이 상당하다.

10. 서울가정법원 20**느합*** 상속재산분할

상대방 ○○○는 1950년경 피상속인과 결혼한 이후 피상속인이 사망할 때까지 63년 가량을 피상속인과 혼인생활을 유지하면서 세 명의 자녀를 낳아 기르는 외에 피상속인과 함께 농사를 짓고 토지를 불하받아 피상속인 소유의 재산을 형성한 사실을 인정할 수 있다. 위 인정사실에 비추어 보면, 상대방 ○○○는 배우자 사이에 통상 기대되는 수준 이상으로 특별히 피상속인의 재산 형성 및 유지에 기여하였다고 보아야 할 것이고, 그 기여행위의 시기와 정도 및 그 밖의 사정에 비추어볼 때 상대방 ○○○의 기여분 정도는 이 사건 부동산 중 20%로 정하는 것이 상당하다.

11. 부산가정법원 20**느합****** 상속재산분할

...(중략)... 피상속인은 청구인과 혼인할 무렵 이 사건 부동산 지분 및 자동차를 취득하였는데 그 매매대금은 대부분 청구인측이 부담한 것으로 보이는 점, 피상속인과 청구인의 혼인기간이 약 3개월에 불과한 점 등을 종합하여 보면, 청구인은 피상속인의 재산의 유지 또는 증가에 관하여 특별히 기여하였다고 봄이 상당하고, 그 기여 방법과 정도, 경위 등을 고려하여 피상속인의 상속재산에 대한 청구인의 기여분을 70%로 정하기로 한다.

12. 부산가정법원 20**느합****** 상속재산분할

...(중략)... 청구인은 199×. 00.경부터 이 사건 부동산에서 피상속인과 함께 거주하면서 피상속인을 돌보아 온 점, 청구인이 이 사

건 부동산에 대한 공사비 및 수선비 등을 부담하기도 한 점, 청구인의 처 ○○○는 201×. 00. 00. A동 마을회로부터 피상속인을 모셔온 것에 대해 효행상을 받기도 한 점, 청구인이 피상속인을 대신하여 이 사건 부동산의 임차인에게 임차보증금 a원을 반환하기도 한 점 등을 종합하여 보면, 청구인이 피상속인을 특별히 부양하였거나 피상속인의 상속재산의 유지 또는 증가에 특별히 기여하였다고 봄이 상당하고, <u>나아가 상속재산의 가액, 그 기여방법과 정도, 다른 공동상속인들과의 관계 등 이 사건 심문에 나타난 여러 사정을 종합하여 청구인의 상속재산에 대한 기여분을 30%로 정한다.</u>

13. 서울가정법원 20**느합***** 상속재산분할

살피건대, ...(중략)..., 피상속인은 1982년경부터 청구인과 별거한 사실, <u>청구인은 공장을 운영하면서도 피상속인에게 자녀들의 양육비나 생활비를 주지 않았고, 피상속인이나 상대방들에게 아무런 연락도 없이 공장을 수차례 이전하여 피상속인이 자신의 거처를 알 수 없게 한 사실, 청구인은 피상속인을 상대로 이혼 청구의 소를 제기하였으나 유책배우자라는 이유로 기각된 사실, 청구인은 피상속인이 투병생활을 할 때나 피상속인의 장례식에도 나타나지 않은 사실,</u> 상대방 ○○○은 취직을 한 2002. 10.경부터 피상속인에게 생활비조로 매월 약 700,000원 상당의 금원을 지급한 사실, 상대방 ○○○은 피상속인이 사망하기 전까지 피상속인과 한 집에서 지내면서 피상속인의 옷, 신발, 가전제품 등을 직접 구입해주었고, 2006.경부터는 자신의 급여, 퇴직금, 대출금 등으로 임대차보증금을 마련하여 직접 임대차계약을 체결한 집에서 피상속인과 함께 지낸 점, 피상속인이 투병생활을 할 때 상대방 ●●●과 함께 병간호를 도맡아 하고, 상대방 ●●●과 함께 피상속인의 병원비, 장례비 등 일체를 부담한 사실이 인정되고, 위 인정사실에 의하면 상대방 ●●●은 부모와 자식 사이에 통상 기대되는 수준 이상으로 피상속인을 특별히 부양하였고, 피상속인의 재산의 유지 및 증가에 직접적으로 기여하였다고 봄이 상당하다.

나아가 상속재산의 가액, 그 기여 방법과 정도 등 이 사건 심문에 나타난 여러 사정을 종합적으로 고려하여 보면, 상대방 ○○○의 기여분을 40%로 정함이 상당하다.

...(중략)... 상대방 ●●●은 공중보건의로 근무하기 시작한 2003. 3.경부터 매월 500,000원 가량씩을 피상속인에게 송금하였고, 2006. 6.경 한의원을 개원한 후에는 월 평균 100만 원 가량의 금원을 피상속인에게 지급하였으며, 피상속인이 돈이 필요하다고 하자 2008. 11.부터 같은 해 12.까지 2억 630만 원을 송금해준 사실, 2009. 6. 18. 피상속인이 심부전증으로 병원에 입원하게 되자 한의원을 폐업하고 ◉◉에 올라와서 상대방 ○○○과 함께 피상속인을 간병한 사실, 2010. 5. 피상속인의 건강이 악화되어 퇴원한 이후로는 직접 청구인 본인의 집에서 피상속인을 부양하

고, 임종 때까지 간병한 사실, 피상속인이 투병생활을 할 때 상대방 ○○○과 함께 병간호를 도맡아 하고, 상대방 ○○○과 함께 피상속인의 병원비, 장례비 등 일체를 부담한 사실이 인정되고, 위 인정사실에 의하면 상대방 ●●●은 부모와 자식 사이에 통상 기대되는 수준 이상으로 피상속인을 특별히 부양하였고, 피상속인의 재산의 유지 및 증가에 직접적으로 기여하였다고 봄이 상당하다.

나아가 상속재산의 가액, 그 기여 방법과 정도 등 이 사건 심문에 나타난 여러 사정을 종합적으로 고려하여 보면, <u>상대방 ●●●의 기여분을 40%로 정함이 상당</u>하다.

14. 부산가정법원 20**느합****** 상속재산분할

...(중략)... 피상속인이 201×. 00.경 보행 장애를 겪게 되고 201×. 00.경 산발형 근위축측삭경화증(일명 '루게릭병')의 진단을 받게 되자, <u>청구인은 그 무렵부터 201×. 00. 00. 피상속인이 사망할 때까지 피상속인을 간병하고 부양하였을 뿐 아니라 피상속인의 재산을 관리</u>하여 온 점, 청구인과 피상속인을 오랫동안 지켜 본 상대방 병, 정도 청구인의 기여분이 인정되어야 한다고 주장하고 있는 점 등에 비추어 보면, 청구인은 피상속인을 특별히 부양하였다고 봄이 상당하다. 아울러 <u>청구인의 기여의 시기, 방법, 정도, 상속재산의 가액 등 이 사건 심문에 나타난 여러 사정을 참작하여, 기여분을 25%로 정하기</u>로 한다.

15. 부산가정법원 20**느합****** 상속재산분할

...(중략)... 상대방 병은 199×. 00. 00. 피상속인과 혼인하여 피상속인이 사망할 때까지 약 25년 동안 혼인생활과 동거생활을 유지한 점, 혼인 당시 피상속인은 재혼이었으나 상대방 병은 초혼이었고 피상속인과 혼인한 후 상대방 정을 출산하여 양육하였으며 피상속인과 전처 사이에 태어난 청구인들도 양육한 점, 피상속인이 201×. 00.경 급성심근경색으로 쓰러져 수술을 받았고 같은 해 00.경 간암 판정을 받아 결국 간암으로 사망할 때까지 상대방 병이 피상속인을 간병한 점 등을 참작할 때, 상대방 병은 피상속인을 특별히 부양하였다고 할 것이므로 기여분이 인정된다.

그리고 앞에서 본 바와 같은 상대방 병과 피상속인의 관계, 혼인생활, 부양의 정도 등을 참작하여, 피상속인의 상속재산에 대한 상대방 병의 기여분을 20%로 정한다.

16. 서울가정법원 2018느합**** 상속재산분할

청구인 A는 195×. 00. 00. 피상속인과 혼인한 후 부부로서 생활하였고, 197×. 00. 00. 피상속인이 이 사건 부동산을 취득한 이후 이 사건 부동산에서 거주한 점, 청구인 A는 201×년경 피상속인이 골절로 인해 수술을 받은 후 피상속인을 간호하거나 피상속인의 병원치료에 동행하는 등 피상속인을 부양한 점 등에 비추어 보면, 청구인 A가 피상속인을 특별히 부양하고 피상속인의 재산의 유지 및 증가에 특별히 기여하였다고 봄이 상당하다. 나아가 위와 같은 기여의 방법 및 정도, 상속재산의 가액 등 심문에 나타난 여러 사정을 종합하면, 청구인 A의 기여분은 20%로 정함이 상당하다.

17. 서울가정법원 2019느합**** 상속재산분할

① <u>피상속인과 상대방 A의 혼인 기간이 약 62년</u>에 이르고, 혼인 기간 중 상대방 A가 가사 및 자녀 양육을 책임지고, 경제활동을 하는 등으로 가계에 보태어 함께 피상속인 명의로 재산을 형성한 점, ② 그러한 연유로 <u>상대방 A 명의로 된 재산은 별달리 없는 점</u>, ③ 피상속인이 201×3년경부터 파킨슨병이 발병하는 등 건강이 악화되자 상대방 A가 배우자인 피상속인의 간병 등을 담당한 점 등을 종합하여 보면, 상대방 A가 피상속인의 부양과 재산유지 및 감소방지에 특별히 기여하였다고 봄이 상당하다. 나아가 상대방 A의 기여 시기, 방법, 정도, 상속재산의 가액, 공동상속인과의 형평 등 이 사건 심문에 나타난 여러 사정을 종합적으로 고려하면, 상대방 A의 기여분을 20%로 정함이 상당하다.

부모님 모시고 살았다고
전부 기여분을 줘야 하나요?

Q. 어머니가 넉 달 전에 돌아가셨고 서울에 아파트 한 채를 남기셨습니다. 어머니가 돌아가시기 5년 전쯤에 둘째 언니가 식구들을 데리고 무작정 어머니 집으로 들어왔습니다. 어머니는 둘째 언니 가족들이 들어오는 것을 별로 내켜 하지는 않았지만, 사는 것이 힘들다는 딸의 부탁을 거절할 수는 없었습니다. 경제적 능력이 없었던 둘째 딸은 어머니가 돌아가실 때까지 어머니 집에서 같이 살았습니다. 그런데 어머니가 돌아가시자 어머니를 모시는 데에 기여가 있다면서 기여분을 청구하겠다고 하였습니다. 어머니 집에 얹혀살면서 어머니한테서 생활비도 타서 썼는데 지금 와서 기여분을 주장해 정말 어이가 없습니다.

A. 연로한 부모님을 모시고 사는 일은 보통 어려운 일이 아닙니다. 게다가 부모님이 와병 중이거나 치매를 앓고 계신다면 아무리 자식이라고 하더라도 모시는 것을 쉽게 결정하기 어렵습니다. 그래서 이렇게 부모님을 모신 자녀가 있다면 일부 기여를 인정해 주는 것이 옳다고 봅니다.

앞서 소개한 대법원 1998. 12. 8. 선고 97므513 판례는 장시간 피상속인을 부양한 상속인의 기여분을 인정한 판례였습니다.

그런데 자녀가 부모를 모시거나, 아내가 남편을 또는 남편이 아내를 돌보는 일은 법률상 의무이기도 합니다. 그래서 대법원은 가족 사이의 부양의무를 넘는 특별한 부양이 있어야 기여분을 인정하고 있습니다. 단순히 통상 자녀에게 기대되는 정도의 부양 정도로는 기여분을 인정받을 수 없다는 뜻입니다.

대법원은 "배우자가 장기간 피상속인과 동거하면서 피상속인을 간호한 경우, 민법 제1008조의2의 해석상 가정법원은 <u>배우자의 동거·간호가 부부 사이의 제1차 부양의무 이행을 넘어서 '특별한 부양'에 이르는지 여부</u>와 더불어 동거·간호의 시기와 방법 및 정도뿐 아니라 동거·간호에 따른 부양비용의 부담 주체, 상속재산의 규모와 배우자에 대한 특별수익액, 다른 공동상속인의 숫자와 배우자의 법정상속분 등 일체의 사정을 종합적으로 고려하여 공동상속인들 사이의 실질적 공평을 도모하기 위하여 배우자의 상속분을 조정할 필요성이 인정되는지 여부를 가려서 기여분 인정 여부와 그 정도를 판단하여야 한다.

배우자의 장기간 동거·간호에 따른 무형의 기여행위를 기여분을 인정하는 요소 중 하나로 적극적으로 고려할 수 있다. 다만 이러한 배우자에게 기여분을 인정하기 위해서는 앞서 본 바와 같은 일체의 사정을 종합적으로 고려하여 공동상속인들 사이의 실질적 공평을 도모하기 위하여 배우자의 상속분을 조정할 필요성이 인정되어야 한다.

피상속인 갑과 전처인 을 사이에 태어난 자녀들인 상속인 병 등이 갑의 후처인 정 및 갑과 정 사이에 태어난 자녀들인 상속인 무 등을 상대로 상속재산분할을 청구하자, 정이 갑이 사망할 때까지 장기간 갑과 동거하면서 그를 간호하였다며 병 등을 상대로 기여분결정을 청구한 사안에서, 갑이 병환에 있을 때 정이 갑을 간호한 사실은 인정할 수 있으나, 기여분을 인정할 정도로 통상의 부양을 넘어서는 수준의 간호를 할 수 있는 건강 상태가 아니었고, 통상 부부로서 부양의무를 이행한 정도에 불과하여 정이 처로서 통상 기대되는 정도를 넘어 법정상속분을 수정함으로써 공동상속인들 사이의 실질적 공평을 도모하여야 할 정도로 갑을 특별히 부양하였다거나 갑의 재산 유지·증가에 특별히 기여하였다고 인정하기에 부족하다는 이유로 정의 기여분결정 청구를 배척한 원심판단에는 민법 제1008조의2에서 정한 기여분 인정 요건에 관한 법리오해 등의 잘못이 없다(대법원 2019. 11. 21. 자 2014스44, 45 전원합의체 결정)."라고 하였습니다.

따라서 위 사안에서도 차녀의 기여분 주장은 받아들여지지 않을 가능성이 큽니다. 차녀가 피상속인을 모시고 살았다기보다는, 피상속인이 차녀를 데리고 살았다고 하는 편이 더 정확하기 때문입니다. 피상속인에게 생활비를 의존했다는 점이 기여분을 부정하는 데에 결정적인 요소가 되겠습니다.

재산적 기여와는 달리, 부양적 기여는 가치판단 성격이 매우 강합니다. 재산적 기여는 숫자로 환산할 수 있지만, 부양적 기여는 돈으로 환산하기 어렵기 때문이죠.

※ 실제 관련 판례
I. 법무법인 세웅 성공 사례
1. 울산지방법원 2017느합** 상속재산분할**
설령 상대방이 별도의 기여분 청구를 하였다고 하더라도, 민법 제1008조의2에서 정한 기여분 제도는 공동상속인 중에 피상속인을 특별히 부양하였거나 피상속인의 재산의 유지 또는 증가에 특별히 기여한 사람이 있을 경우 이를 상속분 산정에 고려함으로써 공동상속인 사이의 실질적 공평을 도모하려는 것이므로, 기여분을 인정하기 위해서는 공동상속인 사이의 공평을 위하여 상속분을 조정하여야 할 필요가 있을 만큼 피상속인을 특별히 부양하였다거나 피상속인의 상속재산의 유지 또는 증가에 특별히 기여하였다는 사실이 인정되어야 하는데, 아래에서 살펴보는 바와 같이 상대방이 망 A의 상속재산에 대한 초과특별수익자임을 고려할 때 상대방이 망인들의 치료비나 생활비, 망 B의 장례비용 등을 일부 부담하였다는 사정만으로 공동상속인 사이의 공평을 위하여 상속분을 조정하여야 할 필요가 있을 만큼 상대방이 망인들을 특별히 부양하였다거나 망인들의 재산 유지 또는 증가에 특별히 기여하였다고 볼 수도 없다. 따라서 상대방의 기여분에 관한 주장은 받아들이지 아니한다.

2. 서울가정법원 2018느합**** 상속재산분할

상대방이 청구인들과 달리 25세 무렵부터 약 14년 동안 피상속인과 동거하면서 피상속인과 일상생활을 함께 영위하고 피상속인의 병원 통원 등을 도운 사실, 상대방이 피상속인의 생활비와 병원비 등을 일부 부담한 사실은 인정되지만, 기록에 의하여 인정되는 다음과 같은 사정, 즉 <u>피상속인은 유방암을 앓기 전인 201×년경 이전까지 특별한 치료나 간호가 필요한 질병을 앓지 않았던 점</u>, <u>상대방은 200×년경 혼인한 이후 자녀 2명을 포함한 자신의 가족들과 함께 장기간 피상속인 소유의 아파트에서 무상으로 거주한</u>

점, 상대방은 피상속인 소유이던 이 사건 부동산을 담보로 약 1억 1,000만 원의 대출을 받을 수 있었고, 그 대출금 중 상당 부분은 피상속인이 아니라 자신들의 가족들을 위해서 사용한 것으로 보이는 점, 그 밖에 피상속인과 상대방 가족들 사이의 금융거래내역 등에 비추어 보면, 위 인정사실만으로는 상대방이 피상속인을 특별히 부양하였다거나 피상속인 재산의 유지 또는 증가에 특별히 기여하였다고 인정하기 부족하고 달리 이를 인정할 증거가 없으므로, 상대방의 기여분 청구는 이유 없다.

3. 서울가정법원 2019느합**** 상속재산분할

이 사건에서 상대방들이 제출한 증거들만으로는 망 A나 상대방들의 상속분을 조정하여야 할 필요가 있을 만큼 피상속인들을 특별히 부양하였다거나, 상대방들의 주장과 같이 망 A가 상속재산의 형성·유지 또는 증가에 특별히 기여하였음을 인정하기 부족하고, 달리 이를 인정할 뚜렷한 증거가 없다. 따라서 상대방들의 기여분 청구는 받아들이지 아니한다.

4. 서울가정법원 2018느합*** 상속재산분할

피상속인이 200×. 00. 00. 경부터 피상속인의 사망일까지 약 17년간 상대방 소유의 A 아파트에 무상으로 거주한 사실, 상대방이 201×. 00. 00.경 위 아파트에 입주하여 201×. 5. 경까지 피상속인과 동거하면서 피상속인을 모셨던 사실, 피상속인이 201×. 00. 00.경 신장농양 치료를 받기 위해 B 병원에 입원할 당시 상대방이 피상속인의 간병인을 구한 뒤 피상속인의 사망일 무렵까지 간병비 일부를 부담한 사실 등은 인정되나, 한편 기록에 의하여 알 수 있는 다음과 같은 사정들, 즉 피상속인이 상대방에게 위 A 아파트의 매수자금 일부를 지원한 것으로 보이는 점, 상대방이 피상속인의 위 B 병원 입원 후 피상속인 명의의 국민은행 계좌에서 합계 a원 상당의 돈을 출금하여 그 일부를 간병비 지급에 충당한 것으로 보이는 점(한편, 상대방은 피상속인의 지시에 따라 위 예금을 인출하여 선산 리모델링 비용 b원 등에 지출하였다고 주장하나, …(중략)… 이를 인정하기 부족하고, 달리 인정할 증거가 없다) 등에 비추어 보면, 앞서 인정한 사실관계 내지 상대방이 제출한 증거들만으로는 상대방이 상속분을 조정하여야 할 만큼 피상속인을 특별히 부양하였거나 상속재산의 유지 또는 증가에 특별히 기여하였다고 보기에는 부족하고, 달리 이를 인정할 증거가 없으므로, 상대방의 기여분 주장은 이유 없다.

5. 수원가정법원 성남지원 2019느합****** 상속재산분할

상대방 A는 201×. 00. 00.부터 시모인 B를 모시며 함께 살았고, 시모가 201×.경 치매진단을 받으신 후 병간호를 해왔고, 피상속인이 암으로 수술과 입원치료를 받는 동안 피상속인을 병간호 해왔고 간병비를 모두 부담하였으므로 상속재산에 대한 상대방 A의 기여분을 50%로 정하여야 한다고 주장한다. 그러나 상대방 A가 제출한 자료만으로는 위 상대방이 기본적 부양의무를 넘어서는 정도로 피상속인을 특별히 부양하였다거나 피상속인의 재산의 유지·증가에 특별히 기여하였다고 인정하기에 부족하고, 달리 이를 인정할 만한 증거가 없다. 따라서 상대방 A의 기여분 청구는 이유 없다.

6. 대전가정법원 천안지원 2021느합** 상속재산분할**

상대방이 하였다는 '관리행위'란 피상속인을 대리하여 대략 2년에 한 번씩 임차인과 임대차계약을 체결하여 임차인으로부터 임대차보증금과 차임을 징수하고 위 돈을 재원으로 대출채무 또는 종전 임대차계약의 보증금을 변제한 것이 가장 중요한 내용으로 보이는 바(그 밖에 위 아파트의 수선 등을 도왔을 가능성이 있다), 위와 같은 정도의 대리행위를 자식으로서의 기본적 부양의무를 이행한 것을 넘어 상속재산의 유지 또는 증가에 특별히 기여함으로써 상속분 산정에 고려할 정도의 행위라고 평가하기는 어렵다고 판단된다.

간병행위와 관련한 주장에 관하여 살피건대 ...(중략)... 심문 전체의 취지를 보태어 보면, 피상속인이 오래 전부터 당뇨병 등을 앓으면서 A시에 소재한 여러 병원에서 치료를 받아온 사실, 상대방 또한 A시에 거주하며 피상속인의 거주지에 자주 왕래한 사실이 인정되는바, 이에 의하면 상대방이 피상속인이 치료를 받을 때 동행하거나 간병을 하고 일정한 범위의 병원비를 부담하였을 개연성은 인정된다. 그러나 …(중략)… 피상속인은 비록 지병은 있었으나 200×. 00.경부터 사망 약 1개월 전 췌장암이 발견되어 입원하기 전까지 약 14년 남짓 A시 노인종합복지관에서 실시하는 근린생활시설 봉사사업에 참여하여 근로소득을 얻을 정도로 활동에 불편이 없었고, 위암 발견 전까지의 치료 내역 또한 대부분 본인부담금 10만 원 이하의 병원비를 부담하는 정도에 그쳤던 사실이 인정되는바, 위 인정사실에 의할 때 상대방의 간병행위를 자녀로서의 통상적인 부양의무를 이행하는 정도를 넘는 특별부양이라고 인정하기에는 부족하다 할 것이다.

　피상속인에게 생활비를 지급하였다는 주장에 관하여 보면, …(중략)… 상대방이 200×. 00.경부터 201×. 00.경까지 사이에 피상속인에게 수차례에 걸쳐 상당한 돈(기록상 입증되는 금액은 대략 2억 원대 중반에서 3억 원대 중반 정도로 판단된다)을 송금한 사실이 인정되기는 한다.

　그러나 한편으로 …(중략)… ㉠ 피상속인은 상대방이 제공한 아파트에 거주하면서 일본에서 주로 생활한 상대방 대신 상대방의 자녀인 A를 오랜 기간 양육하여 온 사실, ㉡ 상대방이 앞서 본 바와 같이 돈을 송금한 시기는 A가 피상속인과 함께 생활하였던 201×년까지에 집중되어 있고, 201×년 이후 송금한 금액은 약 400만

원 정도에 불과한 사실, ⓒ 피상속인은 개인적으로 금전을 많이 소비하는 생활을 하거나 재산을 축적하지 않았고 오히려 앞서 본 바와 같이 봉사사업에 참여하여 일정한 근로소득을 얻기도 하는 등 비교적 검소한 생활을 해온 사실을 인정할 수 있는바, 위 인정사실에 의할 때 상대방이 피상속인에게 송금한 돈의 상당 부분은 피상속인의 재산 유지 또는 증가, 부양 용도보다는 자녀의 생활비나 교육비 또는 양육의 대가로서 지급된 금액으로 판단된다.

또한 …(중략)… 청구인 또한 199×년경까지 본인 스스로도 어려운 형편 아래에서 수입의 대략 1/3 이상을 정기적으로 피상속인 부부에게 지급해 왔던 사정이 엿보이는바, 위 인정사실 및 사정들에 비추어 보면 상대방의 위 송금사실만으로 공동상속인 사이의 공평을 위하여 상속분을 조정하여야 할 필요가 있을 만큼 피상속인을 특별히 부양하였다거나 피상속인의 재산 유시 또는 증가에 특별히 기여하였다는 점을 인정하기 부족하다.

7. 서울고등법원 2021브**** 상속재산분할

이 법원에 이르기까지 제출된 모든 주장과 증거들만으로 청구인의 위 주장 등 청구인이 공동상속인 사이의 공평을 위하여 상속분을 조정하여야 할 필요가 있을 만큼 피상속인 재산의 유지 또는 증가에 특별히 기여하였다거나 피상속인을 특별히 부양하였다는 점을 인정하기 부족하고 […(중략)… 청구인과 나머지 상대방들이

201×. 10.경 대화를 하면서, 청구인이 '대학교때부터 A 등에서 일했고 피상속인이 일을 시켜서 친구들과 캠핑도 못 갔다. B 유학갈 때까지 8년 동안 그랬다'는 취지로 말하자, 상대방 C는 '그래, 그러니까 다 조금씩은 다 돕고 있었어. 너는 너대로 이렇게 하고, 나는 결혼 전날, 결혼식 전날에도'라고 답하였고, 이에 청구인은 '누나도 아버지 심부름 아마 몇 번 갔었을 거야'라고 말하였으며. 상대방 C도 '안 다닌 데가 어디 있어'라고 말한 사실은 인정되나, 위 대화내용은 각자 자신들이 피상속인의 사업을 도왔다고 주장하는 취지로 보일 뿐, 위 대화내용만으로 나머지 상대방들이 청구인의 위 주장과 같은 청구인의 기여 사실을 인정하였다고 보기는 어렵다], 달리 위 점을 인정할 증거가 없다.

II. 기타 관련 판례

🌳 기여분 '부정' 판례

1. 대법원 1996. 7. 10.자 95스30, 31 결정

 망인은 공무원으로 종사하면서 적으나마 월급을 받아 왔고, 1987. 6. 17. 교통사고를 당하여 치료를 받으면서 <u>처인 청구인으로부터 간병을 받았다고 하더라도 이는 부부간의 부양의무 이행의 일환일 뿐</u>, 망인의 상속재산 취득에 특별히 기여한 것으로 볼 수 없으며, 또한 청구인이 망인과는 별도로 쌀 소매업, 잡화상, 여관업 등의 사업을 하여 소득을 얻었다고 하더라도 이는 망인의 도움이 있었거나 망인과 공동으로 이를 경영한 것이고, 더욱이 청구인은 망인과의 혼인생활 중인 1976.경부터 1988.경까지 사이에 상속재산인 부동산들보다 많은 부동산들을 취득하여 청구인 앞으로 소유권이전등기를 마친 점 등에 비추어 이 사건 부동산의 취득과 유지에 있어 청구인이 망인의 처로서 통상 기대되는 정도를 넘어 특별히 기여한 경우에 해당한다고 볼 수 없다고 한 원심을 수긍한 사례.

2. 서울가정법원 97느*** 상속재산분할

청구인은 자신이 피상속인의 장남으로서 피상속인이 경영하는 1인 회사에 이사 겸 업무부장으로 입사하여 망인이 사망할 때까지 회사의 경영을 맡아 하면서 각고의 노력 끝에 회사의 재산가치를 현저히 증가시켰으므로 주식가치의 80%가 기여분으로 인정되어야 한다고 주장하였으나, 청구인의 회사 내 업무활동이 회사의 직원 또는 임원으로서 통상 기대되는 정도의 것을 넘는 특별한 기여가 되었다는 점에 대하여는 이를 인정할 증거가 없다고 하여 배척된 사례.

3. 서울가정법원 93느**** 상속재산분할

망인의 후처가 남편의 전처소생들을 상대로 상속재산분할을 청구하면서 기여분청구를 한 사안에서 망인이 청구인에게 최소한의 생활비만을 지급하여 청구인은 파출부생활을 하면서 돈을 벌어 자신과 전남편 사이에 난 아들의 생활비로 사용하였으며 망인이 병석에 눕자 가출을 하였다가 장례식에 참여한 사실은 인정되나, 그 사실만으로는 청구인과 망인의 동거생활의 경위 등에 비추어 배우자로 통상의 기대되는 정도를 넘어서 상속재산의 유지 또는 증가에 관하여 특별한 기여를 하였다고 보이지 않는다고 판단한 사례.

4. 서울가정법원 96느**** 상속재산분할

망인의 후처와 그 소생들이 청구인이 되어 전처 소생자녀 등을 상대로 상속재산분할심판청구를 하면서 기여분청구를 한 사안에서 청구인들이 망인과 20년 정도 동거하면서 함께 생활을 한 사실은 인정되지만 후처인 청구인은 망인의 처로서 당연히 동거, 부양, 협조의 의무가 있고 자녀들인 청구인들은 망인의 자식들로서 당연히 부양의 의무가 있는 점에 비추어 보면 위 인정사실만으로는 청구인들이 망인의 상속재산에 관하여 통상의 처 및 자식들에게 기대되는 정도를 넘는 특별한 기여를 하였다고 할 수 없다고 하여 기여분청구를 배척한 사례.

5. 서울가정법원 97느**** 상속재산분할

망인의 처가 양자를 상대로 하여 망인이 상대방의 학비를 포함한 모든 양육비를 부담하였고, 망인은 처의 식당경영과 처가로부터의 도움으로 마약해독제를 개발하여 이를 제조 판매하여 상속재산을 이룩하였다면서 기여분을 주장하였으나 <u>청구인이 1961. 이래 망인이 사망할 때까지 망인과 동거하면서 함께 생활한 사실만으로는 청구인이 망인의 상속재산에 관하여 통상의 처에게 기대되는 정도를 넘는 특별한 기여를 하였다고 볼 수 없다</u>고 하여 배척된 사례

6. 서울가정법원 97느**** 상속재산분할

전처 소생 자녀의 대습상속인들이 후처 및 그 자녀들을 상대로 상속재산분할청구를 하자 상대방인 망인의 딸이 기여분청구를 한 사안에서, <u>피상속인이 암에 걸려 미국과 일본 등지에서 치료를 받는 동안 동행하여 간병을 하기도 하고 치료비를 일부 지급한 사실만으로는 청구인이 망인의 딸로서 당연히 부양의무가 있는 점에 비추어 보면 청구인이 자식에게 기대되는 통상의 정도를 넘는 특별한 기여를 하였다고 인정하기에 부족하다</u>고 판단한 사례.

7. 서울가정법원 98느**** 상속재산분할

<u>청구인이 증여받은 부동산상의 채무를 변제하고 그 변제액이 부동산의 시가를 초과하지 않은 경우 청구인의 변제가 상속재산의 유지 등에 특별히 기여하였다고 할 수 없고, 청구인이 망인의 입원 치료기간 동안 치료비로 1천여만 원을 지출한 사실은 있으나 청구</u>

인이 망인의 재산의 대부분을 증여 받은 점 등에 비추어 보면 그 사실만으로는 청구인이 망인에 대하여 통상의 부양을 정도를 넘어 특별히 부양을 하였다고 보기 어렵다고 한 사례.

8. 서울가정법원 20**느합** 상속재산분할

...(중략)... 앞서 본 바와 같이 청구인이 A 건물 신축 당시 피상속인에게 어느 정도 도움을 준 사실은 인정되나, 이미 청구인은 그에 대한 대가로 A 건물 중 1/2 지분을 취득한 것으로 보이고, 그 이후에 청구인이 A 건물의 유지보수를 위한 일부 비용을 지출하고 A 건물에서 청구인과 함께 거주한 것은 A 건물의 공유자로서 자신의 재산을 유지하기 위한 행위로 봄이 상당하며, 나아가 본래 피상속인 소유로 볼 수 있는 상당한 가치의 A 건물 중 1/2 지분을 이미 취득한 청구인에게 위와 같은 사정만으로 기여분을 인정해 주는 것은 오히려 공동상속인인 상대방과의 공평을 해하는 것이 되어 기여분제도의 취지에도 매우 어긋난다고 할 것이므로, 어느 모로 보나 청구인의 기여분결정청구는 이유 없다.

9. 부산가정법원 20**느합**** 상속재산분할

...(중략)... 피상속인은 신부전증, 하지지체장애, 저혈압 등의 질병을 앓으면서 200×.경부터는 이틀에 한 번씩 신장투석을 받고 재활의학과에서 치료를 받으며 당뇨로 안과에서 치료를 받았는데 청

구인이 피상속인의 사망시까지 피상속인과 함께 거주하면서 병원에 모시고 가는 등 돌본 사실은 인정된다.

그러나 ...(중략)... <u>청구인이 199×. 00.경 이혼을 한 후 청구인의 아들 ○○○를 피상속인이 양육하였고 청구인은 2000×. 00.경 재혼한 점, 청구인이 재혼한 이후에도 피상속인이 ○○○를 양육하였으나 200×.경부터 청구인이 망 ⦿⦿⦿ 및 피상속인과 함께 거주한 점, 피상속인은 별지 목록 제1, 2, 3항 기재 각 부동산의 월차임으로 생활하였고 간병인을 별도로 두고 있었던 점, 청구인은 피상속인으로부터 경제적인 도움을 받은 것으로 보이는 점</u> 등을 고려하여 보면, 청구인이 자식에게 기대되는 통상의 정도를 넘는 특별한 기여를 하였다거나 재산 형성 및 유지, 감소에 특별한 기여를 하였다고 보기는 어렵다. 따라서 청구인의 위 기여분결정 청구는 이유 없다.

10. 부산가정법원 20**느합*** 상속재산분할

...(중략)... 청구인은 198×년경 혼인한 이후 피상속인 사망시까지 피상속인 부부와 한 집에 살면서부터 외아들로서 피상속인을 부양해 왔고, 198×년경부터 피상속인이 운영하던 A 상회에 입사하여 그 곳에서 근무한 사실은 인정된다.

그러나 <u>피상속인이 생전에 청구인에게 증여한 재산의 상속개시시 기준 가액이 합계 a원에 이르는 사실은 앞에서 본 바와 같고</u>, ...(중략)... 피상속인이 청구인에게 증여한 별지 2목록 기재 부동산으로부터 임대소득이 발생하였는데, 망 ○○○가 이 임대소득을 받아 관리해 오면서 청구인 내외와 함께 살던 집의 공과금을 납부하는 등 생활비를 지출해 온 사실 또한 인정된다. 그렇다면 <u>피상속인이 전적으로 청구인에게 생계를 의존한 것으로 보이지 않으며</u>, 청구인이 피상속인으로부터 증여받은 부동산의 가액과 상속재산인 부동산 가액을 비교해 볼 때, 만약 피상속인의 상속재산에 관하여 청구인의 기여분을 인정한다면 이는 공동상속인인 상대방들과의 공평을 심하게 해하게 될 것으로 보이는바, 피상속인의 상속재산에 관하여 청구인의 기여분을 인정하지 않는 것이 타당하다.

그러므로 청구인의 이 사건 기여분 청구는 이유 없다.

11. 서울가정법원 20**느합*** 상속재산분할

상대방 ○○○는 자기가 청구인, 상대방 ●●●을 부양하여 온 점, 피상속인의 혼인 당시의 재산 상태, 피상속인의 혼인 이후 피상속인과 상대방 ○○○가 함께 A 주식회사라는 사업체를 운영하여 온 사정 등을 모두 고려하면, 상대방 ○○○가 증여받은 a원을 특별수익으로 보기 어렵다거나 상대방 ○○○의 기여를 인정받아야 한다는 취지의 주장을 한다. 살피건대, 가사 상대방 ○○○의 주장과 같이 피상속인의 상속재산의 형성·유지에 어느 정도의 기여가 있었다고 하더라도, <u>이는 기여분에서 고려되어야 할 사항에 불과</u>

한데, 상대방 ○○○는 이 사건에서 별도의 기여분결정청구를 하지 않고 있다. 따라서 이 부분 주장도 이유 없다.

12. 서울고등법원 20**브** 상속재산분할

　...(중략)... 이 사건 기록에 나타난 피상속인과 상대방 ○○○의 혼인 기간, 상대방 ○○○가 피상속인의 재산의 형성에 기여한 정도, 피상속인의 자녀인 청구인, 상대방 ●●●에 대한 양육의 정도 등의 모든 사정을 보태어 보더라도, 상대방 ○○○가 재산 형성이나 양육에 관한 기여나 노력에 대한 보상 내지 평가, 실질적 공동재산의 청산, 여생에 대한 부양의무 이행 등의 의미로 피상속인으로부터 a원을 증여받았다고 보기에 부족하다.

　또한 기여분에 관하여 공동상속인 간에 협의가 되지 아니하거나 협의할 수 없는 때에는 기여자가 가정법원에 기여분 결정의 청구를 하여야 하는바(민법 제1008조의2 제2항), 위 상대방은 상속재산분할사건인 이 사건에서 위와 같이 주장할 뿐 별도의 기여분 결정의 청구를 하지 않았으므로 기여분에 관한 판단을 하지 아니한다(설령 상대방 ○○○가 기여분결정 청구를 한 것으로 본다고 하더라도, ...(중략)... 상대방 ○○○가 아내로서 통상 기대되는 수준 이상으로 피상속인을 특별히 부양하였다거나 피상속인의 상속재산 유지 또는 증가에 특별한 기여를 하였다고 보기에 부족하고, 달리 이를 인정할 만한 증거가 없다).

13. 서울고등법원 20**브** 상속재산분할

　피상속인은 사망시까지 별지 부동산 목록 기재 부동산 및 상당한 금액의 예금을 보유하면서 상대방 ○○○에게 다액의 돈을 증여한 것으로 보이는 점, 피상속인이 보유한 재산은 청구인 및 상대방들의 부친으로부터 상속받은 재산을 바탕으로 한 것으로 보이는 점, 피상속인이 중풍으로 투병생활을 한 기간이 1년 정도인 점, ...(중략)... 위 인정사실 및 앞서 든 증거들만으로는 상대방 ○○○이 피상속인의 자식으로서 기본적 부양의무를 넘어서는 정도로 피상속인을 부양하였다거나 피상속인의 상속재산의 유지 또는 증가에 특별히 기여하였다고 보기 어렵다.

14. 대구가정법원 20**느합*** 상속재산분할

　...(중략)... 상대방 ○○○이 제출한 증거들을 종합하여 보더라도 상대방 ○○○이 피상속인과의 혼인기간 중 사금융활동과 부동산 투자 등을 통해 일부 수익을 올리고 치매를 앓는 피상속인과 동거하며 피상속인을 보살핀 사실을 인정할 수는 있으나, 처로서 통상 기대되는 수준 이상으로 피상속인을 특별히 부양하였다거나 피상속인의 상속재산 유지 또는 증가에 특별히 기여하였다고 인정하기는 어렵다.

15. 서울고등법원 20**브*** 상속재산분할

 이 사건을 살피건대, ...(중략)... 상대방 ○○○가 모친인 피상속인 및 부친인 망 ●●●과 상당 기간 동거한 사실, 피상속인 생전에 피상속인의 농사일이나 장사일을 도와준 사실, 상대방 ○○○와 처 ◎◎◎가 피상속인을 모시고 병원에 다니는 등 피상속인의 병간호를 하여 온 사실, 상대방 ○○○가 피상속인의 장례를 치룬 사실을 각 인정할 수 있기는 하지만, 이를 들어 상대방 ○○○가 부모에 대한 자녀의 부양의무 이행으로 통상 기대되는 정도를 넘어 피상속인을 특별히 부양하였다거나, 피상속인의 상속재산의 유지 또는 증가에 특별히 기여하였다고 보기에 부족하고, 달리 이를 인정할 증거가 없다.

16. 서울가정법원 20**느합***** 상속재산분할

 청구인은 피상속인 망 ○○○이 병원에 입원하여 있는 동안 병원에 찾아가 망 ○○○을 돌보았고, 집에 홀로 있던 피상속인 망 ●●●이 먹을 반찬을 만들고 집안 청소를 한 것을 비롯하여 피상속인들을 수시로 찾아가 돌보는 등 피상속인들을 부양하였으며, 피상속인 망 ●●●이 사망한 후 상속재산 중 다른 상속인들이 망 ●●●의 소유로서 상속재산임을 알지 못하던 금융재산 일부를 발견했으므로, 30% 상당의 기여분이 인정되어야 한다고 주장한다.

 ...(중략)... 기여분을 인정하기 위해서는 공동상속인 사이의 공평

을 위하여 상속분을 조정하여야 할 필요가 있을 만큼 피상속인을 특별히 부양하였다거나 피상속인의 상속재산의 유지 또는 증가에 특별히 기여했다는 사실이 인정되어야 한다.

 ...(중략)... 일부 금융재산을 청구인이 발견했다는 것만으로는 공동상속인 사이의 공평을 위하여 상속분을 조정하여야 할 필요가 있을 만큼 청구인이 피상속인들을 특별히 부양하였다거나 상속재산의 유지 또는 증가에 특별히 기여했다고 보기 어렵고, 달리 이를 인정할 만한 증거가 없다.

17. 서울가정법원 20**느합***** 상속재산분할

 청구인들이 피상속인 및 망 ○○○를 종종 방문하고 건강을 위한 음식, 물품 등을 가져다준 사실이 인정되나, 위 인정사실만으로는 공동상속인 사이의 공평을 위하여 상속분을 조정하여야 할 필요가 있을 만큼 청구인들이 피상속인을 특별히 부양하였다거나 피상속인의 상속재산의 유지 또는 증가에 특별히 기여했음을 인정하기에 부족하고, 달리 이를 인정할 만한 증거가 없다. 따라서 청구인들의 위 주장은 이유 없다.

 ...(중략)... 상대방 및 상대방의 처 ●●●이 상당한 기간 동안 피상속인 및 망 ○○○와 함께 동거하여 왔고, 피상속인이 운영하던 ◉◉ 업무를 보조한 사실이 인정되나, ...(중략)... <u>상대방 및 ●●●은 피상속인 및 망 ○○○와 함께 동거하면서 이에 따른 생활비</u>

를 피상속인이 상당 부분 부담하여 왔고, 피상속인 소유 부동산에 거주하면서 주거비용 또한 절감하는 등 혜택을 받아온 점, 상대방 및 ●●●이 피상속인이 운영하던 ⦿⦿ 업무를 보조하면서 이에 상응하는 대가를 받았던 것으로 보이는 점, 피상속인과 상대방 및 망 ○○○의 관계, 피상속인 및 상대방의 재산 규모, 소득 등을 종합하여 볼 때, 앞서 인정한 사실만으로는 상대방이 공동상속인 사이의 공평을 위하여 상속분을 조정하여야 할 필요가 있을 만큼 피상속인을 특별히 부양하였다거나 피상속인의 상속재산 유지 또는 증가에 특별히 기여했음을 인정하기에 부족하고, 달리 이를 인정할 만한 증거가 없다.

18. 부산가정법원 20**느합****** 상속재산분할

...(중략)... 상대방 D, E, F이 피상속인의 생전에 피상속인을 위하여 상당한 정도의 용돈이나 생활자금 등을 지급하였던 사정은 인정된다.

그런데, ...(중략)... 피상속인과 망 ○○○은 일정한 직업 없이 일용노동 등으로 어렵게 가계를 유지하며 4명의 딸과 밑으로 2명의 아들을 두었던 점, 5명의 동생을 둔 장녀인 상대방 B는 중학교 졸업 직후 부모님을 도와 공장을 다니며 혼인하기 전까지 집안의 가장노릇을 하였고, 그 이후에도 피상속인이 사망하기 전까지 피상속인의 인근에 거주하면 피상속인을 자주 찾아뵙고 피상속인의 대소사를 챙겨왔던 점, 두 살 터울 동생인 상대방 C 역시 중학교를 졸업한 이후 3여 년간 모직회사 등에 취직하여 동생들을 돌보고 어려운 가계에 도움을 주었던 점, 망부는 1991년 산업재해를 입고 재해보상금 등으로 6,000만 원 상당의 돈을 받게 되었는데, 위 돈이 현재 이 사건 예금채권의 자금원천이 된 것으로 보이는 점, 청구인은 혼인 이후 부모님의 계시던 주택 중 한 칸을 임차하여 지내면서 병 중에 있던 부친의 간호를 도왔던 점, 막내아들인 상대방 F은 가계의 형편이 조금씩 나아지자 상당 수준의 교육을 받고 대기업에 취업하였던 점, 이 사건의 형제자매들이 피상속인을 생각하는 마음은 그 경중을 따질 수 없어 보이고, 형편이 더 나은 형제자매들이 형편이 어려운 형제자매들과 비교하여 부모님에게 용돈 등 경제적 지원을 조금 더 하였더라도 이를 달리 평가할 것은 아닌 점 등을 종합적으로 고려하여 보면, 앞서 상대방 D, E, F이 피상속인에게 한 부양의 정도가 피상속인을 특별히 부양하였거나 피상속인의 재산 유지 또는 증가에 특별히 기여한 정도에 이르렀다고 보기 어렵고, 달리 이를 인정할 증거가 없다.

따라서 상대방 D, E, F의 기여분 주장은 이유 없다.

06. 상속분의 양도와 양수

상속인은 '상속재산 전부에 대하여 가지는 상속인으로서의 지위'를 타인에게 양도할 수 있습니다. 주의할 점은 이때의 '상속분의 양도'는 상속재산을 구성하는 개개의 권리나 물건에 대한 지분의 양도를 뜻하지 않는다는 것입니다. 상속분을 양수받는 사람은 상속재산분할을 청구하거나 상속재산분할절차에 참가할 수 있습니다.

또한, 공동상속인이 자신의 상속분을 제3자에게 양도했을 때, 다른 공동상속인은 이를 제3자로부터 대가를 지급하고 양수할 수도 있습니다. 일단 다른 공동상속인이 상속분을 양수하겠다고 하면, 상대방의 동의나 승낙 없이 다른 공동상속인은 상속분을 취득합니다.

IV. 상속재산의 분할

01. 재산분배 형태 결정

02. 재산분할의 효과

01.
재산분배 형태 결정

 상속인이 누구인지, 나눌 상속재산이 무엇인지 그리고 각 공동상속인의 상속재산 분배비율을 결정했다면, 이제 남은 단계는 분배비율에 따라 재산을 어떤 형태로 나눌 것인지 확정하는 것입니다.

 이 논의는 상속재산이 부동산, 유체동산, 채권 등 다양한 형태로 구성되었을 때 의미가 있습니다.

어머니 아파트를 형제 세 명이 어떻게 나눌 수 있나요?

Q. 어머니가 돌아가신 후에 형과 누나 저 이렇게 세 형제는 어머니가 남기신 아파트를 똑같이 나누기로 하였습니다. 어머니가 돌아가시기 전에 누나가 이 집에 들어와 어머니와 함께 살았는데 이 재산을 어떻게 나누는 것이 좋을지 궁금합니다. 당장 팔 생각은 없지만, 형은 돈이 좀 급한 모양입니다. 지금 시점에 아파트를 팔라고 해도 팔릴 것 같지는 않고, 판다고 해도 누나 살 집을 구해야 해서 지금 어머니가 돌아가시고 한 달이 지나도록 결정을 못 하고 있습니다.

A. 피상속인이 세상을 떠나면 그 즉시 피상속인의 상속재산은 공동상속인들의 공유재산이 됩니다. 민법상 '공유'재산은 과반수 지분권자가 독점적으로 사용, 관리하지만 공유재산에서 나온 수익은 소수지분권자에게 지분만큼 반환하여야 하고, 공유재산을 처분하기 위해서는 공유자 전원의 동의가 필요합니다.

공유자 사이에 분쟁이 생겨 공유관계를 해소할 필요성이 있을 때 공유물분할청구소송을 하면 분쟁을 해결할 수 있는

데요, 공유물분할과 마찬가지로 상속재산분할에서도 공동상속인들 사이의 공유관계를 정리할 수 있습니다.

상속재산이 현금이나 예금채권이라면 구체적 상속분대로 나누어 가지면 됩니다. 그런데 상속재산에 부동산이 포함되어 있다면 분할 방법을 몇 가지 생각할 수 있습니다.

1. 현물분할(1) : 공유물분할의 원칙적인 분할 방법입니다. 공유재산이 토지일 때 경계선을 새로 만들어 땅을 여러 개로 쪼갤 수 있습니다. 그러나 상속재산분할 실무에서 상속부동산을 측량감정하여 분필하는 예는 거의 없습니다.

2. 현물분할(2) - 대금정산 : 상속재산을 상속인 중 일부가 전부 취득하고 다른 공동상속인의 상속분에 상응하는 돈을 지급하는 방법입니다. 이때 정산금은 보통 시세감정평가 결과를 기초로 정합니다.

3. 지분분할 : 상속부동산을 경매로 넘기는 방법도 부적절하고 상속인들 사이에 대금정산도 쉽지 않을 때, 상속인들의 구체적 상속분대로 지분공유하게 하는 방법입니다. 이 경우 상속인들은 나중에 공유물분할절차를 거쳐 공유지분 관계를 정리할 수 있습니다.

4. 경매분할 : 공유물을 경매로 매각하여 그 매각대금을 구체적 상속분대로 분배하는 방법입니다.

상속재산 구성이 복잡할 때에는 위 네 가지 방법을 얼마든지 혼용할 수 있습니다. 상속인들 사이에 분배방법에 합의안을 만들 수 없다면, 가정법원에 상속재산분할심판청구를 하여야 합니다. 그럼 가정법원은 직권으로 가장 적당한 방법을 결정합니다.

위 사안에서 상속인 중의 일부가 상속재산에서 거주하고 있는 점이 중요합니다. 이 상속인이 곧바로 이사할 의향이 있는 것이 아니라면 굳이 경매를 강행할 필요는 없겠죠. 그리고 이 아파트는 측량감정하여 분필하는 방식으로는 현물분할 할 수 없습니다. 아파트 내부에 경계선을 설정하여 아파트를 자를 수 없으니까요.

결국, 이 아파트에 사는 질문자의 누나가 부동산을 취득하고 두 남자 형제에게 대금을 지급하는 형식이 가장 합리적인 분할안이 됩니다. 대금 지급 조건을 적당히 잘 조절한다면 얼마든지 상속재산분할절차를 원만히 마무리할 수 있습니다.

※ 실제 관련 판례

Ⅰ. 법무법인 세웅 성공 사례

1. 서울가정법원 2018느합**** 상속재산분할

이 사건 부동산의 현황과 가액, 청구인들과 상대방의 의사, 특히 상대방이 자신의 가족들과 함께 십여 년 동안 이 사건 부동산에서 계속 거주하고 있는 점, 기타 이 사건 기록에 드러난 제반사정을 종합하면, 현실적 분할대상 상속재산인 이 사건 부동산 중 a/b 지분 전부를 상대방이 단독으로 소유하는 것으로 분할하고, 상대방이 청구인들에게 이들의 구체적 상속분에 해당하는 현금을 정산하여 줌이 상당하다.

Ⅱ. 기타 관련 판례

♣ 경매분할이 된 사안

1. 서울가정법원 20**느합** 상속재산분할

...(중략)... 상속재산 중 별지 채권 목록 기재 예금은 이미 인출되어 청구인이 a원, 상대방 ○○○이 b원을 나누어 가진 점, 청구인은 주위적으로 별지 목록 기재 부동산에 관한 자신의 지분을 상대방들에게 넘겨주고 현금정산 받는 분할방식을, 예비적으로 경매분할의 방식을 희망하는 점, 반면에 상대방들이 정산금을 지급할 경제적 능력이 있는지 불분명하여, 상대방 ○○○은 경매분할 방식도 감수하겠다는 의사를 표명한 점 등을 종합하여 보면, 위 예금채

권은 청구인과 상대방 ○○○이 인출하여 분배한 금액의 비율에 따라 준공유하는 것으로 분할하고, 위 부동산은 경매한 뒤 구체적 상속분의 가액에서 위와 같이 현물분여한 예금의 가액을 공제한 가액의 비율에 따라 그 경매대금을 분배하는 방식으로 분할함이 상당하다.

2. 서울가정법원 20**느합*** 상속재산분할

...(중략)... 청구인들 및 상대방들 사이의 관계에 비추어 ...(중략)... 각 부동산을 공유하도록 하는 것은 분쟁의 종국적 해결이 될 수 없다고 보이고, 어느 당사자도 위 각 부동산을 소유하고서 정산금을 지급하겠다는 의사를 표시한 바도 없는 점, 청구인들은 ...(중략)... 각 부동산에 관하여 경매분할 방식도 무방하다는 의사를 밝히고 있는 점 등을 고려하여 보면, ...(중략)... 각 부동산은 경매하여 그 대금을 구체적 상속분에 따라 분할하고 ...(중략)... 분할함이 상당하다.

♣ 공동소유로 분할이 된 사안

1. **가정법원 **지원 20**느합***** 상속재산분할

...(중략)... 상속개시 이후 상당한 시간이 경과했음에도 청구인들과 상대방들 사이에 상속재산분할에 관하여 협의가 이루어지지 못한 점, 청구인들과 상대방들은 모두 ◉◉ 부동산을 자신들이 소유

하는 방법으로 현물분할 하기를 구하고 있어 별지1 목록 기재 각 부동산의 현물분할 방벙에 관하여 당사자들 전원의 의사합치가 이루어지지 아니한 점, 경매분할 방식에 의할 경우 부동산의 처분가치가 하락하여 청구인들과 상대방들에게 모두 불이익할 것으로 예상되는 점 등을 종합하여 보면, 별지1 목록 기재 부동산은 상속인의 구체적 상속분에 따라 각각 지분을 소유하는 것으로 분할하기로 한다.

♣ 대금정산의 방법으로 분할이 된 사안

1. 서울가정법원 20**느합***** 상속재산분할

상대방은 ◉◉부동산의 경우 현재 자신 및 가족이 거주하고 있으므로 위 아파트를 상대방이 취득하고 이를 금전으로 정산하는 방법을 희망하고 있으며, 청구인들도 이러한 방법에 동의하고 있는 점 등을 종합하여 볼 때, 상대방이 ◉◉부동산을 단독으로 소유하고, 상대방이 구체적 상속분 가액을 초과하여 보유하게 되는 금액을 금전으로 정산하여 청구인들에게 지급하며, 별지 목록 기재 2항 금융채권은 청구인들이 구체적 상속분에 따라 공유하는 것으로 분할함이 상당하다.

2. 부산가정법원 20**느합****** 상속재산분할

청구인은 이 사건 각 부동산을 단독으로 소유하기를 희망하고, 상대방 병, 정도 이에 동의하고 있는 점, 청구인이 이 사건 각 부동산 및 공탁금을 소유하고 상대방들에게 그 구체적 상속분액을 현금으로 정산해 주는 방법이 특별히 불합리한 것으로는 보이지 않는 점, 상속재산을 둘러싸고 청구인들과 상대방 무, 기, 경, 신 사이에 다툼이 심한바, 이 사건 분쟁을 일회적으로 종결할 필요가 있는 점 등을 고려하면, 청구인이 이 사건 각 부동산 및 공탁금을 단독으로 소유하고 상대방들에게 그 구체적 상속분액을 현금으로 정산해 주는 방법으로 분할함이 상당하다.

어머니 아파트를
여동생이 분배받는 것으로 되면
정산은 어떻게 하나요?

Q. 어머님이 작년 가을에 돌아가셨는데 4년 전에 여동생이 이혼한 후 어머니와 함께 살았습니다. 여동생은 기여분을 주장하면서 소송하겠다고 하였는데 다른 형제들과 잘 얘기해서 결국 소송으로 가지 않고 형제들끼리 잘 합의하기로 했습니다. 지금 당장 여동생이 마땅히 갈 곳이 없기도 하고 저도 1가구 2주택 문제가 있어서 어머님이 사시던 아파트는 여동생이 가지는 게 맞는 것 같습니다. 그럼 여동생이 아파트 가져가면 저한테 돈을 줘야 하는 게 맞는 거죠?

A. 당연합니다. 상속인의 공동재산인 상속재산을 정리할 때 부동산을 누군가 단독소유하는 것으로 분할하면, 다른 상속인들의 지분만큼 돈으로 정산해줘야 합니다. 이때 정산액과 정산액 지급 시기 등을 조율하는 문제가 남을 뿐이죠. 실무상 부동산 소유권을 단독으로 취득하는 사람이 다른 상속인의 지분을 매수하는 것처럼 취급합니다. 그래서 세법상 지분 양도에 양도소득세 과세 문제가 있으니 이 부분은 회계사나 세무사 자문을 받아봐야 합니다.

대법원 판례를 하나 소개합니다. 내용이 좀 길긴 한데 찬찬히 읽어보시면, 당연한 이야기를 법률적으로 풀어썼다는 느낌을 받으실 겁니다.

"가정법원이 상속재산분할을 함에 있어 분할 대상이 된 상속재산 중 특정 재산을 일부 상속인 소유로 현물분할 한다면, 전체 분할 대상 재산을 분할시 기준으로 평가하여, ① 그 특정 재산 가액이 그의 구체적 상속분에 따른 취득가능 가액을 초과하는 상속인이 있는 경우 그 차액을 정산하도록 하여야 하고(대법원 1997. 3. 21. 자 96스62 결정 참조, 앞서 구체적 상속분을 산정함에 있어 유증이나 생전 증여 등으로 인한 초과특별수익과 달리, 산정된 구체적 상속분에 따른 취득가능 가액을 초과하여 분할받게 되는 부분은 다른 상속인들에게 정산해야 한다), ② 그 특정 재산 가액이 그의 구체적 상속분에 따른 취득가능 가액을 초과하지 않을 경우에도 위와 같은 현물분할을 반영하여 상속인들 사이의 지분율을 다시 산정해서 남은 분할 대상 상속재산은 수정된 지분율로 분할해야 한다

이를 위해 전체 분할 대상 상속재산의 분할 시 기준 평가액에 상속인별 구체적 상속분을 곱하여 산출된 상속인별 취득가능 가액에서 각자 소유로 하는 특정 재산의 분할 시 기

준 평가액을 공제하는 방법으로 구체적 상속분을 수정한 지분율을 산정할 수 있다(대법원 2022. 6. 30.자 2017스98, 99, 100, 101 결정)."

위 판례를 정리하자면,

① 구체적 상속분이 10억 원인 사람이 상속부동산 중 12억 원짜리 부동산을 단독소유하는 것으로 분할하였다면, 그 초과액 2억 원을 다른 상속인에게 정산해줘야 하고,

② 구체적 상속분이 10억 원인 사람이 상속부동산 중 6억 원짜리 A 부동산을 단독소유하는 것으로 분할하였다면, 다른 상속부동산 B, C를 나눌 때는, A 부동산의 가액을 고려하여 B, C 부동산에 관한 분배비율을 다시 정하여야 한다는 뜻입니다.

02.
재산분할의 효과

상속재산분할이 이루어지면 피상속인의 사망 시점으로 소급하여 상속인이 피상속인으로부터 직접 승계한 것처럼 처리됩니다. 그런데 어떤 공동상속인이 자신의 구체적 상속분보다 적거나 혹은 많은 재산을 분배받았을 때 제3자와의 관계에서 법률문제가 생길 수 있습니다.

상속재산분할심판 이후 등기 전에
상속인의 채권자가 등기를 가져갔다면?

Q. 어머니가 돌아가시고 나서 저희 다섯 형제는 상속소송을 했습니다. 3년 동안 소송 끝에, 지난 2017. 12.에 어머니 재산을 제가 단독소유하고 다른 네 형제한테 3,000만 원씩 주는 내용으로 상속재산분할심판이 확정되었습니다. 그런데 둘째와 셋째한테 빚이 좀 많아서 둘째의 채권자가 어머니 돌아가시고 나서 상속인에 의한 대위등기를 한 적이 있었습니다. 이후 둘째의 채권자는 2017. 4.에 둘째의 1/5지분을 매수하였고, 포천시는 2018. 4.에 셋째의 1/5지분을 압류하였습니다. 저는 소송해서 이 부동산을 전부 제 소유로 할 수 있는 줄 알았는데 1/5지분은 둘째 채권자 명의로 되어있고, 다른 1/5지분은 압류가 되어있어서 이걸 어떻게 해결해야 할지 도무지 모르겠습니다.

A. 피상속인이 사망하면 이 사람의 모든 재산과 채무는 곧바로 공동상속인이 승계합니다. 채무는 상속인의 법정상속분대로 분할되는 반면, 재산은 상속인들 사이의 상속재산분할이 있기 전까지는 공동재산으로 되죠.

그런데 상속개시(피상속인의 사망) 시점부터 상속재산분할이 이루어지는 때까지 꽤 오랜 시간이 걸릴 수도 있습니다. 상속인들이 재산분할을 시작하지 않아서 그럴 수도 있고, 상속인들 사이의 분쟁이 금방 해결되지 않아서 그럴 수도 있습니다.

그러는 와중에 이 상속재산에 새로운 이해관계를 가지는 제3자가 등장하기도 합니다. 대표적인 사람이 바로 상속인의 채권자죠. 예를 들어 피상속인이 사망하여 채무자인 상속인이 상속받을 재산이 있고, 이 사실을 상속인의 채권자가 알았다면, 이 채권자는 채무자가 상속받을 재산에 대해 강제집행을 할 수 있습니다.

문제는 이 상속재산분할에 '소급효'가 있다는 점입니다. 즉, 피상속인이 사망하고 한참 후에 상속재산분할이 이루어졌다고 하더라도, 이 재산분할은 피상속인 사망 당시에 있었던 것처럼 처리됩니다.

그럼 상속인의 채권자가 상속재산에 관해 강제집행을 했는데 그 시점 이후에 상속재산분할이 있었거나, 반대로 상속재산분할이 있고, 이에 따른 상속등기를 하기 전에 상속인의 채권자가 상속재산에 강제집행을 했다면, 무엇이 우선하는가를 결정하여야겠죠.

대법원은 "상속재산의 분할은 상속이 개시된 때에 소급하여 그 효력이 있다. 그러나 제3자의 권리를 해하지 못한다(민법 제1015조). 이는 상속재산분할의 소급효를 인정하여 공동상속인이 분할 내용대로 상속재산을 피상속인이 사망한 때에 바로 피상속인으로부터 상속한 것으로 보면서도, 상속재산분할 전에 이와 양립하지 않는 법률상 이해관계를 가진 제3자에게는 상속재산분할의 소급효를 주장할 수 없도록 함으로써 거래의 안전을 도모하고자 한 것이다. 이때 민법 제1015조 단서에서 말하는 제3자는 일반적으로 상속재산분할의 대상이 된 상속재산에 관하여 상속재산분할 전에 새로운 이해관계를 가졌을 뿐만 아니라 등기, 인도 등으로 권리를 취득한 사람을 말한다."라고 하면서,

"상속재산인 부동산의 분할 귀속을 내용으로 하는 상속재산분할심판이 확정되면 민법 제187조에 의하여 상속재산분할심판에 따른 등기 없이도 해당 부동산에 관한 물권변동의 효력이 발생한다. 다만 민법 제1015조 단서의 내용과 입법 취지 등을 고려하면, 상속재산분할심판에 따른 등기가 이

루어지기 전에 상속재산분할의 효력과 양립하지 않는 법률상 이해관계를 갖고 등기를 마쳤으나 상속재산분할심판이 있었음을 알지 못한 제3자에 대하여는 상속재산분할의 효력을 주장할 수 없다고 보아야 한다. 이 경우 제3자가 상속재산분할심판이 있었음을 알았다는 점에 관한 주장·증명책임은 상속재산분할심판의 효력을 주장하는 자에게 있다고 할 것이다(대법원 2020. 8. 13. 선고 2019다249312 판결)."라고 하였습니다.

그래서 상속재산분할협의 또는 심판에 따른 상속등기가 이루어지기 전에 상속지분을 취득하거나 압류하는 등 상속재산분할의 효력과 양립하지 않은 법률상 이해관계를 가진 제3자가 있을 때, 그 제3자가 상속재산분할심판이 있다는 사실을 알았는지에 따라 결론이 달라집니다.

실제 위 대법원 판례에서는 둘째의 채권자와 포천시가 상속재산분할심판을 알았다고 볼 여지가 크다는 이유로 둘째의 채권자와 포천시가 상속재산분할의 소급효로부터 보호받는 제3자라고 판단한 원심을 파기하였습니다.

어머니의 몫을 장남이 다 가져간 것도
증여가 되나요?

Q. 아버지가 돌아가신 후 어머니와 저희 세 남매는 아버지 재산을 나누기로 하였습니다. 처음에는 어머니 명의로 전부 하자고 했다가 언니가 반대하는 바람에 협의할 수 없었고, 이제는 어머니가 자기 몫을 오빠한테 전부 주겠다고 하고 있습니다. 오빠가 어머니를 모시는 조건으로 말입니다. 어머니 몫을 지금 전부 오빠가 가져가면 그것도 증여재산이 되나요? 어머니 재산으로는 아무것도 없는데 오빠만 재산을 더 가져가는 것이 싫습니다.

A. 공동상속인 중 한 사람이 자신의 몫을 다른 공동상속인에게 전부 주었고 이 내용대로 상속재산이 분할되었을 때 이것이 '증여'가 될 것인지의 문제입니다.

만약 이 분할협의가 증여라고 한다면, 일단 증여세를 납부하여야 합니다. 그리고 나중에 자신이 분배받을 몫을 다른 상속인에게 준 상속인이 사망했을 때, 그의 상속인은 재산을 받은 사람을 상대로 유류분반환청구를 할 수 있습니다.

이와 관련하여 자신이 받은 몫을 다른 공동상속인에게 가산하는 형식으로 상속재산분할이 완료되었을 때, 이것이 유류분반환의 대상이 되는 증여인지에 관하여 최근 대법원 판례가 있습니다.

　　대법원은 "유류분 산정의 기초재산에 산입되는 증여에 해당하는지 여부를 판단할 때에는 피상속인의 재산처분행위의 법적 성질을 형식적·추상적으로 파악하는 데 그쳐서는 안 되고, 재산처분행위가 실질적인 관점에서 피상속인의 재산을 감소시키는 무상처분에 해당하는지 여부에 따라 판단하여야 한다. 다른 공동상속인으로부터 상속분을 양수한 공동상속인은 자신이 가지고 있던 상속분과 양수한 상속분을 합한 상속분을 가지고 상속재산분할 절차에 참여하여 그 상속분 합계액에 해당하는 상속재산을 분배해 달라고 요구할 수 있다. 따라서 상속분에 포함된 적극재산과 소극재산의 가액 등을 고려할 때 상속분에 재산적 가치가 있다면 상속분 양도는 양도인과 양수인이 합의하여 재산적 이익을 이전하는 것이라고 할 수 있다(대법원 2021. 7. 15. 선고 2016다210498 판결)"고 하였습니다.

따라서 어머니가 피상속인인 아버지에게서 상속받은 몫을 장남에게 전부 주는 형태로 상속재산분할이 이루어져 장남이 어머니 몫까지 분배를 받으면, 나중에 어머니를 피상속인으로 하는 상속절차에서 이 부분은 장남의 특별수익으로 고려할 수 있습니다.

다만, 세법상으로는 이러한 분할협의가 증여세의 과세 대상이 되지 않는다는 대법원 판례가 있습니다.

대법원은 "<u>공동상속인 상호간에 상속재산에 관하여 협의분할이 이루어짐으로써 공동상속인 중 일부가 고유의 상속분을 초과하는 재산을 취득하게 되었다고 하여도 이는 상속개시 당시에 소급하여 피상속인으로부터 승계받은 것으로 보아야 하고 다른 공동상속인으로부터 증여받은 것으로 볼 수 없으며</u>, 상속세및증여세법 제31조 제3항에서 "상속개시 후 상속재산에 대하여 등기·등록·명의개서 등(이하 '등기 등'이라 한다)에 의하여 각 상속인의 상속분이 확정되어 등기 등이 된 후 그 상속재산에 대하여 공동상속인 사이의 협의에 의한 분할에 의하여 특정상속인이 당초 상속분을 초과하여 취득하는 재산가액은 당해 분할에 의하여 상속분이 감소된 상속인으로부터 증여받은 재산에 포함한다."고 규정하고 있는 것은 각 상속인의 상속분이 확정되어 등기 등이 된 후 상속인들 사이의 별도 협의에 의하여 상속재산을 재분할하는 경우에 적용된다(대법원 2002. 7. 12. 선고 2001두441 판결)."라고 하였습니다.

상속재산분할이 완료되면, 상속인들은 상속개시시에 소급하여 피상속인으로부터 직접 상속재산을 승계하는 것이고 상속인들 사이에 증여가 있는 것이 아니라는 이유입니다. 그리고 상속재산분할이 확정된 후 상속인들 사이에 재분배하는 것은 자신에게 일단 귀속된 재산을 다른 상속인에게 증여하는 것이기 때문에 이때에는 증여세가 부과된다고 하였습니다.

따라서 위 사안에서 장남이 어머니 몫까지 더하여 상속재산을 분배받는 것은 증여세의 과세 대상이 될 수 없습니다.

다만, 앞서 말씀드린 것처럼, 이러한 상속재산의 분배 결과로써 장남이 구체적 상속분을 초과하여 얻는 이득은, 어머니를 피상속인으로 하는 유류분반환청구에서 장남의 특별수익이 될 수 있습니다.

미리 재산을 많이 받아간 사람이
재산을 안 받겠다고 해도 사해행위인가요?

Q 아버지가 7억 원 정도 되는 재산을 남기고 돌아가셨습니다. 막내가 사업을 한다고 아버지로부터 빌려 간 돈이 2억 원 정도 되는데 막내의 사업이 실패로 끝나면서 이 돈을 갚지 못했습니다. 그래서 우리 가족은, 막내가 그 돈을 아버지에게서 받은 것으로 치고, 막내를 제외하고 다른 상속인들이 상속재산을 분배하기로 하였습니다. 그리고 나서 상속등기를 했는데 그로부터 1년 정도가 지나 막내의 채권자로부터 사해행위취소소송을 받았습니다. 막내가 재산을 받지 않겠다고 한 상속재산분할협의가 사해행위라는 내용이었습니다. 저희가 이 소송에서 어떻게 대응해야 하나요?

A 앞서 '상속의 승인과 포기'에서 법원에 하는 상속포기 신고는 사해행위가 아니지만, 재산을 받지 않겠다는 내용의 상속재산분할은 사해행위가 된다는 점 기억하실 것입니다.

이 논의는 그 부분의 연장선에 있습니다. 채무가 재산보다 많은 상속인이 상속재산을 분배받지 않겠다는 내용의 분할협의를 했음에도, 이 분할협의가 상속인의 채권자와의 관계에서 사해행위가 되지 않을 수 있습니다.

대법원은 "공동상속인 중 피상속인으로부터 재산의 증여 또는 유증을 받은 자는 그 수증재산이 자기의 상속분에 부족한 한도 내에서만 상속분이 있으므로(민법 제1008조), 공동상속인 중에 특별수익자가 있는 경우에는 이러한 특별수익을 고려하여 상속인별로 고유의 법정상속분을 수정하여 구체적인 상속분을 산정하게 되는데, 이러한 구체적 상속분을 산정함에 있어서는 피상속인이 상속개시 당시에 가지고 있던 재산의 가액에 생전 증여의 가액을 가산한 후 이 가액에 각 공동상속인별로 법정상속분율을 곱하여 산출된 상속분 가액으로부터 특별수익자의 수증재산인 증여 또는 유증의 가액을 공제하는 계산방법에 의하여야 하고(대법원 1995. 3. 10. 선고 94다16571 판결 참조), 금전채무와 같이 급부의 내용이 가분인 채무가 공동상속된 경우 이는 상속개시와 동시에 당연히 법정상속분에 따라 공동상속인에게 분할되어 귀속되는 것이므로 상속재산 분할의 대상이 될 여지가 없다(대법원 1997. 6. 24. 선고 97다8809 판결 참조). 따라서 특별수익자인 채무자의 상속재산 분할협의가 사해행위에 해당하는지를 판단함에 있어서도 위와 같은 방법으로 계산한 구체적 상속분을 기준으로 그 재산분할결과가 일반 채권자의 공동담보를 감소하게 하였는지 평가하여야 하고, 채무자가 상속한 금전채무를 구체적 상속분 산정에 포함할 것은 아니다(대법원 2014. 7. 10. 선고 2012다26633 판결)"라 하였습니다.

그리하여 각 공동상속인의 구체적 상속분을 따져 본 결과 재산보다 채무가 많은 상속인의 구체적 상속분이 '0'원일 때에는 그 사람이 상속재산을 받지 않겠다는 내용의 상속재산분할협의를 했다고 해서 채권자들에 대한 사해행위를 했다고 보기 어려워집니다.

사해행위가 되려면 채무자가 자신의 재산을 처분하여 재산을 줄여야 하는데, 애초부터 상속재산을 분배받을 수 없었던 사람이 상속재산을 받지 않겠다고 하는 협의를 했다고 해서 채무자의 재산을 줄어들지는 않으니까요.

※ 실제 관련 판례

I. 법무법인 세웅 성공 사례

1. 청주지방법원 2019느합**** 상속재산분할

피상속인은 상대방의 도박채무 등을 갚아주기 위하여 아래와 같은 금원을 상대방에 계좌로 이체하거나 지급하는 방법으로 증여하였는바, 피상속인의 생전의 자산, 수입, 생활수준, 가정상황, 공동상속인들 사이의 형평 등을 종합하여 보면, 이를 상대방의 특별수익으로 인정할 수 있다.

→ 피상속인의 상속인인 상대방은 채무초과 상태였는데, 상대방의 채권자가 상속재산에 강제집행을 시도. 이에 청구인들은 상대방이 구체적 상속분이 '0'원임을 이 사건 상속재산분할심판청구를 통해 확인하고 채권자의 강제집행에 제3자 이의를 하여 승소함.

제2판
최신 사례로 보는
상속재산 분할심판청구

초판발행	2020년 07월 03일
2판 발행	2023년 08월 14일

지 은 이	오경수 현승진
디 자 인	이나영
발 행 처	주식회사 필통북스
등 록	제2019-000085호
주 소	서울특별시 관악구 신림로59길 23, 1201호(신림동)
전 화	1544-1967
팩 스	02-6499-0839
homepage	http://www.feeltongbooks.com/
ISBN	979-11-6792-118-5 [13320]

ⓒ 오경수 현승진, 2023

정가 18,000원

지혜와지식은 교육미디어그룹
주식회사 필통북스의 인문서적 임프린트입니다.

| 이 책은 저자와의 협의 하에 인지를 생략합니다.
| 이 책은 저작권법에 의해 보호를 받는 저작물이므로
  주식회사 필통북스의 허락 없는 무단전재 및 복제를 금합니다.